숨쉬는 중국어

프리토킹
편

개정판

KB013098

숨쉬는 **중국어** 개정판

개정 1쇄 인쇄	2020년 8월 17일
개정 1쇄 발행	2020년 8월 28일

作　者	李明順, 錢兢
编　辑	全达
발 행 인	윤우상
북디자인	Design Didot 디자인디도
그　림	이일선
발 행 처	송산출판사
주　소	서울특별시 서대문구 홍제 4동 104-6
전　화	(02) 735-6189
팩　스	(02) 737-2260
홈페이지	http://www.songsanpup.co.kr
등록일자	1976년 2월 2일. 제 9-40호

ISBN	978-89 -7780-256-8　14720
ISBN	978-89 -7780-254-1　14720 (세트)

숨쉬는 **중국어**

作者: 李明顺，钱兢

编辑: 全达

프리토킹
편

개정판

송산출판사

머리말

중국은 한국과 가까우면서도 교류가 가장 많은 나라입니다. 따라서 요즘은 영어보다도 중국어를 잘하면, 취직도 잘되고 회사에서도 인정을 받는다고 하니, 빨리 서둘러 중국어 공부를 시작해야 합니다. 그러나 막상 중국어 공부를 시작하려고 서점에 가보면, 책은 많은데 한국인에게 알맞은 교재가 없는 것 같습니다. 물론 다양한 중국어 학습서는 학습자들에게 선택의 폭을 넓힐 수 있지만, 이들은 대체로 중국 현지에서 사용되고 있는 학습서를 그대로 옮겨오거나, 외국인을 위해 편찬된 학습서라 하더라도 그것이 한국인을 겨냥한 것은 아닙니다. 그러므로 한국인이 이해하기 쉽고 또 한국인의 정서에 맞는 회화 내용이 담긴 책을 찾기 어렵습니다. 이 책은 이러한 한국인 학습자들의 입장을 고려하고, 한국인으로서 중국어를 표현하는 능력을 키워주고자 하는 목적에서 기획되었습니다. 본인은 오랫동안 중국어를 가르치면서 책을 많이 편찬하였습니다. 좀더 학습자들에게 효율적이고 효과적으로 회화를 습득할 수 있는 교재를 개발해야 겠다는 욕심을 가지고 이 책을 펴내게 되었습니다.

이 교재는 초급, 중급, 고급, 마스터편, 프리토킹편 5권으로 나누어져 있습니다. 본 교재의 특징은 일상 생활에서 반드시 필요한 다양한 상황별 회화를 다루었으며, 특히 학습자들이 이해하기 어려운 비슷한 단어들을 한눈에 들어올 수 있도록 도표로 정리해 놓았습니다. 그리고 학습자들의 공부에 도움이 될 수 있는 연습문제를 다양한 형식으로 꾸며 놓았습니다. 예를 들면 "词语搭配", "选词填空", "完成句子", "分组讨论", "编故事" 등이 있습니다.

중국어를 공부하는 학습자들의 날로 진보하는 모습을 그려보면서 소기의 성과를 거둘 수 있기를 기원합니다. 끝으로 이런 저자의 의도에 기꺼이 응해주시고 적극적인 배려를 아끼지 않으신 송산출판사 윤우상 사장님, 그리고 작업을 도와 주신 편집부 직원들의 노고에 감사를 드립니다.

2009년 8월

저자 이명순

'숨쉬는 중국어'는
이렇게 구성되었습니다!

生词
본문의 내용과 관련된 어휘들입니다.

会话
각 과마다 꼭 익혀두어야 할 기본 표현을 다루었으니 잘 익혀두시면 공부에 도움이 많이 될 것입니다.

语法解释
문법설명이 아주 체계적이며 또 학습자들이 이해하기 어려운 비슷한 단어들을 한눈에 들어올 수 있도록 도표로 정리해 놓았습니다.

词语搭配
단어를 많이 배우는 것보다 활용할 줄 아는 것이 더 중요합니다. 따라서 단어와 단어의 결합을 숙지해 두시면 중국식 표현에 익숙해지고 회화에도 도움이 많이 될 것입니다.

分组讨论
여러분들의 관심사들을 모아 자유롭게 자기 견해를 말씀해 보는 코너입니다.

选词填空
비슷한 단어를 구별하기 위하여 설정한 연습문제들 입니다. 단어의 용법을 고려하여 문제를 풀어보세요.

完成句子
접속사와 관용어의 용법을 숙지하기 위한 코너입니다.

请帮帮我
주변 사람들이 겪고 있는 여러 가지 고민을 가상으로 설정해 놓았으니 당사자 입장에서 문제를 함께 해결해 보세요.

阅读理解
중국어회화도 중요하지만, 독해가 되면 중국어가 더 재미있어 집니다.

幽默故事
공부를 하면서 조금 힘들다고 느낄 때 한 번 읽어 보시면 웃음이 저절로 나올 정도로 아주 재미있는 유머들 입니다.

编故事
서로 연관성이 없는 것 같이 느껴지는 그림들을 보면서 당신의 상상력을 동원하여 이야기를 꾸며보는 코너입니다. 혼자 하면 따분하니 2~3명이 함께 하면 재미가 더해집니다.

实话实说
실생활에서 부딪칠 수 있는 문제들을 가상으로 설정해 놓았으니, 솔직하게 말씀해보세요.

目录

第1课 你还是自己打车吧

王笑凌: 我想借用一下你的车。

徐文义: 你要车干什么? 要去哪儿我可以送你。

王笑凌: 要去的地方多着呢。明天一大早儿得去趟医院,1 然后还得去总公司看一下, 中午要和朋友吃饭, 下午要和一个客户见面, 晚上要和中学同学聚餐, 你都送我啊?

徐文义: 你还是自己打车吧。

王笑凌: 打车多麻烦啊, 还是自己开车方便, 你不是还有一辆车闲着吗?

徐文义: 你的开车技术, 我实在是放心不下。2

王笑凌: 如果撞坏了的话, 我给你赔还不行吗?

徐文义: 撞坏了车是小事, 撞伤了人可就麻烦了。

王笑凌: 我会小心的。

徐文义: 再说, 你也不认识路啊。

10

王笑凌: 可是打车很麻烦, 而且天气又这么热。

徐文义: 就这么几天, 你就将就一下吧。

王笑凌: 那我打不到车的时候, 你可要来接我啊。

徐文义: 行。没问题! 我就暂时做你的专职司机, 保证随叫随到。

王笑凌: 这还算够意思。

徐文义: 我什么时候不够意思了? 我还不是为了你好啊! 打车多方便, 像总统一样, 你说去哪儿, 就有人把你送到哪儿, 还不用你去停车场。

王笑凌: 那你怎么不打车, 天天自己开车啊?

徐文义: 因为我不是总统。

王笑凌: 那好, 现在 "总统" 要出巡了, 请给我这个 "总统" 叫辆出租车好吗?

徐文义: 请问 "总统大人" 您要到哪里去啊?

王笑凌: 我也不太清楚, 你去问我的秘书吧。

徐文义: 别闹了, 说正经的。

王笑凌: 我要去世贸大厦。

徐文义: 你等着, 我现在就给你叫。我们这个小区打车非常方便, 只要给物业打个电话就都解决了。

分组讨论下面的问题:

1 你跟别人借过车吗?

2 说说你不愿意借车的原因。

3 当你去一个陌生(mòshēng, 생소하다)的地方的时候, 你愿意打车还是自己开车? 为什么?

4 当你的朋友跟你借钱或者借车的时候, 你怎样拒绝(jùjué, 거절하다)?

5 如果你的朋友跟你借钱不还的话, 你会怎么办?

生词

□ 一大早儿 yídàzǎor 이른 아침

□ 聚餐 jùcān · 명동 회식(하다)

□ 闲着 xiánzhe 비어 있다. 한가하게 있다

□ 实在 shízài · 부 확실히. 참으로. 정말

□ 放心不下 fàngxīn bu xià 안심할 수 없다

□ 赔 péi · 동 배상하다. 밑지다

□ 再说 zàishuō · 접 게다가. 덧붙여 말할 것은

□ 将就 jiāngjiu · 동 우선 아쉬운 대로 참고 견
다. 불만족스러우나 그대로 하다

□ 专职 zhuānzhí · 명 전임

□ 保证 bǎozhèng · 동 담보하다. 보증하다

□ 随叫随到 suíjiàosuídào 부르면 곧 오다

□ 不够意思 búgòuyìsi 서운하다

□ 停车场 tíngchēchǎng · 명 주차장

□ 出巡 chūxún · 동 (임금이) 순행하다

□ 总统 zǒngtǒng · 명 대통령

□ 总统大人 zǒngtǒng dàrén · 명 대통령
각하

□ 闹 nào · 동 농담하다. 장난하다

□ 说正经的 shuōzhèngjingde 진지한 이야
기를 하다

□ 大厦 dàshà · 명 큰 건물. 고층 건물. 빌딩

□ 小区 xiǎoqū 모여 있는 일정 구역. 아파트
단지

□ 物业 wùyè (아파트 단지) 관리사무소

12

语法解释

1 明天一大早得去趟医院

‘一大早'는 '아주 이른 아침' 이란 뜻이다. 여기서 '大'는 '크다'라는 뜻이 아니라 '아주' 라는 뜻을 나타내고 있다.

汉语	韩语	汉语	韩语	汉语	韩语
大胖子	뚱보	一大碗饭	가득 찬 한 공기의 밥	一大亮点	가장 각광받는 점
大个子	키다리	一大帮人	아주 많은 한 무리의 사람	一大特色	아주 큰 특색
大老粗	아주 무식한 사람	一大堆事儿	아주 많은 일	一大害处	아주 해로운 점
大好人	아주 좋은 사람	一大瓶酒	가득 찬 한 병의 술	一大优点	아주 큰 장점
大懒虫	아주 게으른 사람	一大桌菜	가득 찬 한 상의 요리	一大好处	아주 좋은 점

2 你的开车技术，我实在是放心不下

‘放心不下'는 '안심할 수 없다, 마음을 놓을 수 없다'라는 뜻을 나타낸다. 이와 같이 '不下'는 동사 뒤에 붙여 여러 가지 뜻을 나타낸다.

汉语	韩语	汉语	韩语
狠不下心	마음을 독하게 먹을 수 없다	吃不(得)下	먹을 수 없다(있다)
割舍不下	버릴 수 없다	装不(得)下	다 담을 수 없다(있다)
争执不下	팽팽히 맞서다	容纳不(得)下	수용할 수 없다(있다)
房价居高不下	집값이 내리지 않는다	穿不(得)下	입을 수 없다(있다)

你知道左边的汽车标志是哪个汽车公司的标志吗? 请你连一下线

1   **GM**   ●   A. 意大利菲亚特汽车公司

2   *Ford*   ●   B. 日本尼桑汽车公司

3   VW   ●   C. 日本尼桑丰田汽车公司

4   **TOYOTA**   ●   D. 韩国现代汽车公司

5   **FIAT**   ●   E. 美国通用汽车

6   **NISSAN**   ●   F. 美国福特汽车公司

7   **HYUNDAI**   ●   G. 德国大众汽车公司

你的选择

两人一组, 仔细阅读下面的问题, 然后在所给的答案中, 选择一个, 并说明理由。

1. 如果你中了10亿元彩票(복권)的话, 你会做什么?
   a. 买房子、买地、买汽车
   b. 马上辞职
   c. 周游世界(세계일주를 하다)
   d. 存到银行

2. 你现在最想拥有(yōngyǒu, 소유하다)什么?
   a. 一套漂亮的房子
   b. 年轻美丽的爱人
   c. 青春和美貌
   d. 知心(zhīxīn, 절친하다)朋友

3. 作为生日礼物, 你最想要什么?
   a. 名牌儿衣服或者手提包
   b. 钱
   c. 蛋糕和花
   d. 盛大(shèngdà, 성대하다)的生日晚会

4. 如果有一个月的长假, 你想跟谁一起度过?
   a. 爱人
   b. 父母、爱人和孩子
   c. 朋友
   d. 情人

5. 你理想的职业是什么?
   a. 工资高, 且(qiě, 게다가)没有压力
   b. 虽然工资不太高, 但比较自由
   c. 做一个私营企业的大老板
   d. 做我喜欢做的事情

6. 在你的外貌当中, 你最不满意的是哪一部分?
   a. 个子   b. 眼睛
   c. 皮肤   d. 身材

7. 你希望你的孩子跟什么样的人结婚?
   a. 有钱的人
   b. 性格好的人
   c. 有能力的人
   d. 长得帅/漂亮的人

8. 退休以后你打算做什么?
   a. 回老家种地(zhòngdì, 농사짓다)
   b. 自己开一个公司
   c. 什么也不做, 在家里好好照看孙子和孙女
   d. 跟朋友一起做各种休闲运动, 比如登山、打乒乓球、打高尔夫球等等

1 用"会……的"完成下列对话

例句: **A:** 他不来怎么办啊?

　　　B: 放心吧, 他一定会来的。

① A: 如果明天下雨的话, 怎么开运动会啊?
　 B:

② A: 你怎么又把房间弄得这么乱啊?
　 B:

③ A: 你说什么? 你要去外国留学, 让我等你三年?
　 B:

④ A: 都等了半个多小时了, 汽车怎么还不来啊?
　 B:

2 用"闲着，呆着，想着，坐着，拿着，等着，空着"填空

① 正好我家有个房间 (　　　　), 你过来住吧。

② 你手里 (　　　) 什么东西? 给我看看行不行?

③ 退休以后, 老两口整天在家里 (　　　　) 没事儿干, 所以养了很多花。

④ (　　　　), 别动! 要不然阿姨怎么给你理发啊?

⑤ 你在家里 (　　　) 吧, 我出去办点儿事儿, 马上就回来。

⑥ 有什么好事儿要 (　　　) 我啊!

⑦ 有的在擦桌子, 有的在扫地, 有的在写板报(벽보), 谁也没 (　　　　)。

3 用"趟, 次, 遍, 回"填空

① 你去过几（　　　）中国?

② 对不起, 我没听清楚, 你能不能再说一（　　　）?

③ 我想回家一（　　　）。

④《红楼梦》我已经看过三（　　　）了。

⑤ 他来过我家好几回, 每（　　　）都带礼物来。

⑥ 下（　　　）来的时候, 千万别忘了带来。

⑦ 有一（　　　）, 我跟女朋友逛街的时候, 偶然遇见了她。

⑧ 请问, 369（　　　）列车几点到站?

4 用"还是……吧"完成下列对话

① A: 我们怎么走?

B: 百货商店离这儿也不太远, 我们 ＿＿＿＿＿＿＿＿＿。

② A: 我们坐火车还是坐飞机?

B: 坐飞机太贵了! ＿＿＿＿＿＿＿＿＿。

③ A: 今晚我们出去吃饭吧!

B: 老公, 在外边儿吃太贵了!

而且就我们两个人, 我们 ＿＿＿＿＿＿＿＿＿。

大学生为了找到工作要做的事情

*请用√表示你所同意的观点，用×表示你不同意的观点

☐ 1 学会赞美别人。

☐ 2 要靠打工读完大学, 积极积累工作经验。

☐ 3 参加体育运动。调查表明, 从事体育运动的人, 毕业后比那些不运动的同学明显(míngxiǎn, 분명하다)收入高。

☐ 4 选修有关"幸福"的心理课程。

☐ 5 别按父母的期待生活, 要做自己喜欢的事情。

☐ 6 在你的宿舍里开始做生意。

☐ 7 不要过分追求(zhuīqiú, 추구하다)完美, 不要给自己不必要的压力。

☐ 8 把你的目标列成表, 因为没有计划就不可能成功。

☐ 9 不要死读书, 要走出图书馆，为你的未来做好各种准备。

☐ 10 积极参加校园活动。

*请把你同意的观点再抄写(chāoxiě, 베껴쓰다)一遍, 然后再举例说明一下(可分成小组进行)。

1

2

3

阿林在一家公司做事,有一天,他在等公交车,身后蹲(dūn, 쪼그리고 앉다)着一个乞丐(qǐgài, 거지),是个三十来岁的男人。阿林拿出一块钱,扔在他的碗里。乞丐点点头,说:"谢谢!"阿林没再看他,继续等车。

车快要来了,阿林打开钱包,谁知包里一分钱也没有,离家还有十几公里呢,总不能走回去吧!阿林突然想起那个乞丐,他用眼睛紧紧盯(dīng, 주시하다)着乞丐碗里的钱,乞丐大概也注意到他了,对他说:"先生,是不是你坐公交车没零钱了……"阿林连连(liánlián, 줄곧)点头。乞丐说:"要多少?"阿林说:"一块,我刚才给你的那一块钱就……就够了。"乞丐从碗里拿出一

我欠乞丐一块钱

块钱, 笑嘻嘻(xiàoxīxī, 해죽이 웃는 모양)地给了阿林。阿林脸上一红,朝左右看了看,确信没人留意,这才走过去接了钱,正在这时,公交车来了,可一上车就看到自动投币箱(tóubìxiāng, 동전 투입 박스)上写着:"夏天到了,从今天开始,车上开了空调,所以加收一元钱。"阿林慌忙(huāngmáng, 황급히)下了车。

这时,有人轻轻在阿林耳边(ěrbiān, 귓가)叫:"先生。"阿林一看,又是那个乞丐。乞丐问:"你是不是差一块钱不够坐车?"阿林点了点头,那个乞丐说,"我再给你

一块钱,你坐车回家去吧!"阿林心里很感动,还没来得及多想,乞丐已经把一块钱放在阿林的手里了。

就这样,阿林和那个乞丐面对面地蹲着聊了起来。阿林问他怎么会在这里当乞丐,他说他姓周,原来跟着一个建筑队(jiànzhùduì, 건축팀),后来摔断了腿,在家里实在想不出挣钱的法子(fǎzi, 방법),听说广州有钱人多,所以想在这里乞讨(qǐtǎo, 구걸하다)一段日子,如果能攒点钱,就回家乡开一家小店。他说这话的时候,眼里充满(chōngmǎn, 충만하다)了希望。

问题:

1. 阿林第一次上公交车以后为什么又下车了?

2. 乞丐一共给了阿林多少钱?

3. 乞丐的梦想是什么?

网恋

刘滨亮: 最近怎么没看见王好和他女朋友呢? 他俩不是一直都出双入对的吗?

王春光: 他俩最近为分手吵得厉害着呢。[1]

刘滨亮: 要分手? 为什么呢? 不是一直都挺好的吗?

王春光: 其实说起来挺荒唐的, 最近王好在网上认识了一个女孩子, 所以想跟交往多年的女朋友分手。

刘滨亮: 哦, 是网恋啊?

王春光: 可不是嘛, 王好自从在网上认识了那个女孩子, 每天都泡在网吧里, 简直就是名副其实的网虫。

刘滨亮: 那他女朋友答应了跟他分手吗?

王春光: 肯定不会答应了, 都这么多年的感情了, 哪能说分就能分呢?[2] 其实王好的女朋友也挺可怜的, 连情敌是谁都不知道。

刘滨亮: 是呀, 连面都没见过。

王春光: 好端端的一对情侣, 因为网恋吵着要分手,₃ 真是不可思议。

刘滨亮: 不过网恋也有成功的, 还有两个不同国家的人网恋, 然后就真的结了婚, 而且还过得挺好的呢!

王春光: 那是少数, 大多数人还是经不住现实的考验。

刘滨亮: 那你也不能完全否定上网聊天儿的人, 难道你就不上网聊天儿吗?

王春光: 虽然我也上网聊天儿, 但我也不至于在网上找恋人啊? 太不现实了!

刘滨亮: 那可说不定, 没准儿哪天你也会在网上碰见你的白雪公主。

王春光: 哎, 你说他们两个人到底怎么办才好呢? 我们能不能帮上什么忙?

刘滨亮: 你出面劝劝, 如果就这么分手了, 怪可惜的。

王春光: 那倒也是, 这么多年风风雨雨都过来了。

刘滨亮: 是呀, 你好好劝劝他们, 说不定会有转机的。

分组讨论下面的问题:

1　你觉得结婚和恋爱是一回事吗? 如果不是一回事, 那么区别在哪儿?

2　你觉得两个人在一起, 最重要的是什么?

3　你在网上谈过恋爱吗? 那是一种怎样的感觉?

4　当爱情出现危机(위기)时, 你会选择分手还是再给对方一次机会?

5　你跟你的女朋友 (男朋友) 分手之后, 又重新和好(화해하다)过吗?

6　你相信命运(운명)吗?

7　你觉得在人的一生中, 真正的爱有几次? 你遇到过真爱吗? 是什么时候?

生词

회화

□ 出双入对 chūshuāngrùduì (연인들이)
　늘 붙어 다닌다

□ 荒唐 huāngtang · 톙 터무니없다

□ 网恋 wǎngliàn 인터넷에서 남녀가 연애하
　는 것을 가리킴

□ 泡 pào · 됭 죽치다. 틀어 박히다

□ 简直 jiǎnzhí · 뿐 그야말로. 정말. 완전히

□ 名副其实 míngfùqíshí · 셍 명실상부하다

□ 网虫 wǎngchóng · 몡 인터넷 중독자

□ 情敌 qíngdí · 몡 연적(戀敵)

□ 好端端的 hǎoduānduānde · 톙
　(사람이) 멀쩡하다. (일 따위가) 아무 탈 없다

□ 不可思议 bùkěsīyì · 셍 상상할 수 없다.
　불가사의하다

□ 否定 fǒudìng · 됭 부정하다

□ 不至于 búzhìyú …에 이르지 못하다.
　…까지는 안 된다.

□ 没准儿 méizhǔnr 아마도

□ 出面 chūmiàn · 됭 나서다

□ 怪 guài · 뿐 참으로

□ 风风雨雨 fēngfengyǔyǔ · 몡
　간난신고(艱難辛苦). 시련

语法解释

1 他俩最近为分手吵得厉害着呢

‘着呢’는 형용사의 뒤에서 어떤 성질이나 상태를 강조하고 의미를 약간 과장하는 역할을 한다.

离目的地还远着呢。
你别打扰我, 我正忙着呢。

그리고 ‘着呢’는 동사 뒤에 붙여 ‘……하고 있다’란 뜻을 나타내기도 한다.

你看, 鱼还在蹦着呢。
我看着呢。

2 哪能说分就能分呢?

‘哪能说分就能分呢?’는 ‘헤어진다고 해서 어떻게 바로 헤어질 수 있겠어?’ 라는 뜻을 나타낸다. 즉 ‘헤어질 수 없다’는 뜻이다. ‘说分就分’는 ‘헤어진다고 얘기하자 바로 헤어지다’라는 뜻을 나타낸다. 이렇게 ‘说’와 ‘就’ 뒤에 같은 품사가 와서 ‘……하다면 바로 ……하다’란 뜻을 나타낼 수 있다.

说干就干, 现在马上就动手。
我说没事就没事。

3 因为网恋吵着要分手

‘吵着要分手’ 는 ‘헤어진다고 떠들어대다’란 뜻이다. 이같이 ‘着’의 앞뒤에 모두 동사가 오며, 앞에 오는 동작은 뒤 동작의 원인이 된다. 즉 떠들어대는 이유는 헤어지려고 하기 때문이다.

那我就赖着不走, 我看他怎么办。
孩子哭着要奶吃。

实话实说

1	到现在为止, 你谈过几次恋爱?	**A** 一次　**B** 两次　**C** 三次　**D** 四次
2	如果让你亲自装修(인테리어 하다)你房间的话, 你会怎么设计?	**A** 白色的墙(qiáng, 벽), 白色的现代式家具 **B** 淡黄色的墙, 棕色(zōngsè, 갈색)的古典式家具 **C** 淡绿色的墙, 时髦的意大利家具 **D** 暗红色的墙, 深红色的家具
3	你喜欢穿什么样的衣服?	**A** 名牌儿衣服 **B** 颜色鲜艳(xiānyàn, 산뜻하고 아름답다)的 **C** 舒服的 **D** 时髦的
4	明天一大早你要跟你的孩子一起去滑雪, 所以想早睡觉, 但这时, 你的朋友突然来电话说, 让你陪他喝酒, 那么你会怎么办?	**A** 出去陪朋友喝酒 **B** 跟朋友说明情况, 说下次一定陪他喝酒 **C** 先对朋友说去, 然后再打电话说不能去了 **D** 等孩子睡着以后, 你再出去喝酒
5	如果十岁的女儿问你"爸爸、妈妈, 我是怎么生出来的?"那么你会怎么回答?	**A** 是从大桥下面捡(jiǎn, 줍다)来的 **B** 是从妈妈的肚子里出来的 **C** 是从妈妈的屁股(pìgu, 엉덩이)里出来的 **D** 是从天上掉下来的
6	跟你爱人吵架以后, 你会做什么?	**A** 去酒吧喝酒 **B** 去朋友家玩儿 **C** 出去运动 **D** 去兜风(dōufēng, 드라이브하다)
7	一直非常健康的你, 突然发高烧, 而且胃也疼得非常厉害, 那么你会怎么办?	**A** 你觉得没事, 所以不吃药 **B** 自己去药店买点儿药吃 **C** 去医院好好检查一下 **D** 如果有人给你买药的话, 你就吃, 没有的话就算了
8	你在哪方面最舍得花钱?	**A** 吃　**B** 穿　**C** 旅游　**D** 学习

网络用语	表达的意思	网络用语	表达的意思
晕	看不懂	SJ	死机
顶	支持	GF	女朋友
狂顶	强烈支持	BF	男朋友
东东	东西	SJB	神经病
有料	有本事	7456	气死我了
小资	有品位的女人	886/88	再见
钻石王老五	有钱的单身男人	847	别生气
恐龙	网上丑女	55555	形容哭的声音
青蛙	网上丑男	3q	谢谢你
大虾	网上高手	84	不是
菜鸟	网上低手	BC	白痴
偶	我	BT	变态
8错	不错	Y	为什么
吐血	形容心情郁闷	BD	笨蛋
稀饭	喜欢	LP	老婆
坛子	论坛	LG	老公
果酱	过奖	MM	妹妹
木油	没有	GG	哥哥
呼呼	睡觉	DD	弟弟
养眼	**好看**	JJ	姐姐
包子	某人长得难看或者笨,就说他是包子	PMP	拍马屁

1 用 "其实……" 完成下列对话

例句： **A:** 看样子，你跟他很熟啊。

B: 其实我跟他也不太熟，我们只是同一个大学毕业的，所以关系比较亲近一些。

❶ A: 你乒乓球打得真好!

B:

❷ A: 你找我到底有什么事儿? 快说啊!

B:

❸ A: 他也不是故意的, 你就原谅他一次吧。

B:

❹ A: 你怎么每次约会都迟到啊?

B:

2 用 "不过, 而(且), 但(是), 大概, 也许, 没准儿" 填空

❶ 这人很面熟, (　　　　) 我一时想不起来是谁。

❷ 这篇文章虽然不长, (　　　　) 内容却很丰富。

❸ 不但价格便宜, (　　　　) 式样也好。

❹ 我 (　　　　) 两点左右能到, 你呢?

❺ 你可不要把话说得太死啊! (　　　　) 哪天你会求到我头上。

❻ 他 (　　　　) 忘了。

3 用"不至于……"完成句子

① 你放心吧, 他不至于 _____。

② 他已经答应了我们, 不至于 _____。

③ 他说北京队一定会输, 我看 _____。

④ 他是数学系毕业的, 不至于连这么简单的题都 _____
_____。

⑤ 我的乒乓球打得再不好, 也不至于 _____。

4 用"难道……吗?"完成下列对话

① A: _____?

B: 我真的不知道他们俩离婚的事儿。

② A: 你难道不想 _____ 吗?

B: 不是我不想结婚, 是没有钱结婚啊!

③ A: 路上堵车 _____?

B: 我没说是你的错, 不过如果你早一点儿出发的话, 就不会迟到的。

④ A: _____ 去外国旅游吗?

B: 当然想了, 不过没有那么多钱, 也没有那么多时间啊。

大话网恋

下面是网友对网恋的态度, 你同意哪些观点? 不同意哪些观点? 为什么?

行如风

网恋就像是感冒, 开始没人把它放在心上, 慢慢陷(xiàn, 빠지다)了进去, 咳嗽、发高烧, 直到有一天早上醒来, 发现你病得不轻, 得去医院检查时, 你才会真正醒悟(xǐngwù, 깨닫다)。

春 雨

网恋是一件自然而然(zìrán érrán, 자연히)的事情, 其结果和我们正常的恋爱一样, 都会有悲有喜, 但只要彼此是真心的付出(fùchū, 바치다), 曾经因此而幸福过, 我想这就够了。

冷血动物

你可以随心所欲(suíxīnsuǒyù, 하고 싶은 대로 하다)地恋, 但最好不要被它网住(그물에 잡히다)。

雪 花

网络像雾、像雨, 又像风, 它的美丽与危险同(함께)在。在这里, 爱情可以复制, 恋人可以下载(xiàzài, 다운로드하다), 但最重要的是要善于删除(shānchú, 삭제하다)和格式化(géshìhuà, 포멧하다)。

小讨厌

网恋是虚拟(xūnǐ, 가상적인)世界里创造的情感神话。我们可以从中得到高空飞行的快感, 却不能接受着陆(zhuólù, 착륙하다)时的真实感觉。

秋 雨

一根网线, 千里结缘(jiéyuán, 인연을 맺다), 信也罢(yěbà, …든 …든), 不信也罢, 总能给生活增添(zēngtiān, 더하다)一点时代色彩。

你对网恋的态度:

下雨天

那天下着小雨, 我在公共汽车站一边等车一边看小说, 我看得非常入迷(rùmí, 정신이 팔리다), 竟然忘了打伞。

这时, 一个女孩子带着雨伞走了过来, 她说: "我这把雨伞很大, 我们一起打, 好吗?"我急忙说: "不, 不用了, 我有伞, 雨不大, 我……"

突然, 我感到非常懊悔(àohuǐ, 후회하다), 也许那个女孩子, 是鼓足(gǔzú)了勇气(yǒngqì, 용기를 내다)才来和我说话的, 而我却那么无情地拒绝(jùjué, 거절하다)了她。

整个雨季, 我常站在街头(jiētóu, 길거리)等车, 时时想, 那个曾经要跟我打一把雨伞的女孩子会在哪里呢?

问题:

1. 那个女孩子为什么要和那个男的打一把雨伞?

2. 后来那个男的为什么会时时想起那个女孩子?

第3课 买着吃更合算

爸爸: 老伴儿, 我们今晚吃什么啊?

妈妈: 我也不知道, 你想吃什么?

爸爸: 你随便。

妈妈: 你每天都说随便, 可是, 每当我问你吃不吃烧茄子时, 你就会说能不能吃别的菜? 我还不知道你?

爸爸: 那你就不会做点特别的? 跟你结婚10多年了, 你会做的那几个菜, 我用脚指头都能数得过来。1

妈妈: 我天天辛辛苦苦给你做菜, 你不仅不感激我, 反而嫌我做得不好吃!2 哼!

月月: 行了。爸妈, 你们都别吵了, 既然吃腻了家里的菜, 不如我们去外边的饭店吃吧。3

妈妈: 去饭店吃多贵啊? 你给爸爸妈妈赚钱啊?

月月: 我给你们算算。就拿做一盘香辣肉丝来说。在家里做, 你需要买猪肉, 大概9元。佐料我只算1元, 煤气费我也只算1元, 这就11块了, 而外面饭店的香辣肉丝, 不仅好吃, 价钱也只不过15块。而你们浪费的时间呢? 买菜的时间, 洗菜的时间, 做菜的时间, 吃完饭以后收拾的时间, 还有你们现在吵架的时间! 我们老师说过, 时间就是金钱!

妈妈: 咱这孩子什么时候变这么精了?

爸爸: 孩子说得有道理, 你继续说。

月月: 你们想过没有, 利用这些时间你们可以赚多少钱? 妈妈, 你有没有算过你工作一个小时能赚多少钱? 而你做菜做了一个多小时, 你能省下多少钱?4

妈妈: 哎呦, 我家的千金, 什么时候学会算经济账了?

月月: 你看, 你们每天不是忙于工作, 就是忙于做家务,5 很少有时间陪我, 再这样继续下去, 我会伤心的。

爸爸: 好, 那就按孩子说的做吧! 月月啊, 今天想吃什么?

月月: 就去吃那个又实惠又美味的香辣肉丝吧!

分组讨论下面的问题:

1 你平时经常出去吃饭还是在家里自己做着吃?

2 请谈谈在外面吃饭的利弊(libi, 이로움과 폐단)。

3 你觉得男人应不应该下厨(xiàchú, 부엌에 내려가서 일하다)?

4 你在家做什么家务?

5 你家的泡菜是你自己做的还是买的?

生词

회화

□ 合算 hésuàn · 혱 수지가(채산이) 맞다

□ 每当 měidāng …할 때마다

□ 烧茄子 shāoqiézi 가지를 기름에 튀겨 만든
　요리

□ 脚指头 jiǎozhǐtou · 몡 발가락

□ 数得过来 shǔdeguolái 셀 수 있다

□ 反而 fǎn'ér · 븻 오히려. 역으로

□ 感激 gǎnjī · 통 감사하다

□ 嫌 xián · 통 꺼리다

□ 吃腻 chīnì · 통 (너무 먹어서) 물리다

□ 不如 bùrú · 통 …하는 편이 낫다

□ 算 suàn · 통 계산에 넣다. 셈에 넣다

□ 香辣肉丝 xiānglàròusī 돼지고기를 채썰어
　만든 요리

□ 佐料 zuǒliào · 몡 양념. 조미료

□ 煤气费 méiqìfèi 가스요금

□ 而 ér · 젭 …지만. 그러나

□ 精 jīng · 혱 영리하다. 약다

□ 省 shěng · 통 아끼다. 절약하다

□ 千金 qiānjīn · 몡 옛날 따님. 영애

□ 经济账 jīngjìzhàng · 몡 경제적인 이득

□ 忙于 mángyú · 통 …에 바쁘다

□ 不是……就是…… búshì … jiùshì …
　· 젭 …하지 않으면, …하다

□ 实惠 shíhuì · 혱 실속이 있다. 실용적이다

□ 美味 měiwèi · 혱 맛이 좋다

语法解释

1 我用脚指头都能数得过来

‘동사 + 得过来’는 ‘수량이 너무 적어서 …할 수 있다’란 뜻을 나타내고, ‘동사 + 不过来’는 수량이 너무 많아서 …할 수 없다’란 뜻을 나타낸다.

一年有40多天下雪, 下雨的天数就数不过来了。

星期天客人多, 我一个人忙不过来, 你来帮帮我。

2 你不仅不感激我, 反而嫌我做得不好吃

‘反而’은 ‘오히려, 역으로’란 뜻을 나타낸다.

五月的春天, 外面反而比屋里暖和。

我的汉语不仅没有进步, 反而退步了。

3 不如我们去外边的饭店吃吧

‘不如’는 ‘…하는 편이 낫다’란 뜻으로 어떤 제안을 할 때 많이 쓴다.

不如我们改天再去吧。

不如去我那里喝杯咖啡吧。

그밖에 ‘不如’는 ‘…만 못하다’라는 의미로 비교를 나타내기도 한다.

我觉得这件衣服不如那件衣服漂亮。

4 你能省下多少钱?

‘省下’는 ‘절약해 남기다’란 뜻이고, ‘攒下’은 ‘(돈을) 모으다’란 뜻을 나타낸다.

你一共省下多少钱?

一般来说, 男的不结婚的话就攒不下钱。

5 你们每天不是忙于工作, 就是忙于做家务

‘不是…就是…’은 ‘…하지 않으면, …하다’란 뜻을 나타낸다. 즉 ‘두 가지 일 중 한가지는 꼭 한다’라는 의미를 나타낸다.

一到周末, 他不是去登山, 就是去打乒乓球。

不是死, 就是活。

请谈谈你的看法

当你遇到下列琐事(suǒshì, 사소한 일)的时候, 你将怎样解决? 请你询问(xúnwèn, 알아보다)一下你旁边的同学, 并将他的解决方法写在下面的空格里。

你所遇到的问题	解决方法
周末你很想睡懒觉, 可是你的孩子却起得很早, 并要你给他做吃的。	
和家人外出旅游的时候, 忘了带药和换洗的衣服。	
你爱人很喜欢养狗, 可是你却非常讨厌掉在地上的狗毛(개털)和狗身上的味儿(냄새)。	
早上急匆匆(jícōngcōng, 다급히)地来到了公司, 可是你总觉得没有关煤气炉(méiqìlú, 가스레인지)。	
你新买了一套房子, 周围环境不错, 交通也非常方便, 但离你工作的地方和你孩子的学校很远。	
有人经常把车停在你家门前, 而且也不留(liú, 남기다)电话号码。	
你升职了, 单位的同事让你请客, 可是你忘了带钱包。	
你家只有一台电脑和一台电视, 所以你的两个孩子经常因此(yīncǐ, 이것 때문에)而争吵(zhēngchǎo, 말다툼하다)。	
爱人口重(kǒuzhòng, 맵고 짠 음식을 좋아하다), 而你却口轻(싱거운 음식을 좋아한다)。	

中国名菜典故

麻婆豆腐：是四川传统名菜，起源于清朝。当时，四川成都北边有个小桥，叫万福桥，这里有一家小饭店，这家小饭店主人是位脸上有几颗麻子(mázi, 곰보)的妇女，因为她丈夫姓陈，所以大家都叫她陈麻婆。在她家的顾客中，有一批出大力(육체적으로 힘든 일을 하다)的人，他们每次吃饭的时候，都从市场上买来几块豆腐和牛肉，让陈麻婆为他们加工成菜。这本来是一件很平常的事情，但陈麻婆看见他们每天那么辛苦，吃的却又那么简单，所以就为他们精工细作(jīnggōngxìzuò, 정성을 들여 정교하게 하다)。她做的这道豆腐菜，又麻(má, 얼얼하다)、又辣、又烫、又嫩(nèn, 부드럽다)，十分受欢迎，人们越吃越爱吃，名声渐渐传开。因为她脸上有几颗麻子，所以这道菜就被称为麻婆豆腐，从此麻婆豆腐名扬(míngyáng, 명성이 ……에 떨치다)全国。

■ 你知道下面的调料和菜的创始人是谁吗？

1. 咖喱(gālí, 카레)

   A 释迦牟尼(Shìjiāmóuní, 석가모니)　　　　B 甘地(Gāndì, 간디)

   C 印度人　　　　　　　　　　　　　　　D 印度尼西亚人

2. 东坡肉('동파육'이란 요리 이름)

   A 王安石　　　B 苏轼　　　　C 李白　　　　D 苏辙

3. 叫化子鸡('거지 닭'이란 요리 이름)

   A 武士　　　　　　　　　　　　B 书生(shūshēng, 선비)

   C 乞丐　　　　　　　　　　　　D 和尚(héshang, 승려)

1 用"不是…就是…"改写下列句子

例句：每个周末或者去游泳，或者去登山。
→ 每个周末不是去游泳就是去登山。

❶ 我弟弟每天上网或者看电影，或者玩儿电脑游戏。
→

❷ 每天下班以后我一般都加班，如果不加班的话，就和朋友一起去喝酒，所以每天回家都很晚。
→

❸ 他最近在学校表现不太好，经常迟到、早退，学习成绩也下降了很多。
→

2 用"管不过来，忙不过来，数不过来，省下，攒下，攒不下"填空

❶ 最近饭店的生意特别旺，每天客人坐得满满的，数都（   ）。

❷ 下班以后过来帮帮我，我一个人有点儿（   ）。

❸ 他这几年（   ）了不少钱。

❹ 每天都有很多自行车被盗，警察根本（   ）。

❺ 这样可以（   ）很多钱。

❻ 我怎么总是（   ）钱呢？你有没有什么好方法？

3 用 "不如……" 完成句子

1 我老了, 身体不如 _____。

2 你去不如 _____。

3 既然大家都不愿意做饭, 不如我们去外边 _____。

4 我的英语连他都不如, 怎么能 _____?

5 与其花这么多时间打电话, 不如 _____。

6 这个房间不如 _____。

7 东大门市场的衣服不如 _____。

4 用 "不仅不……反而……" 完成下列对话

1 A: 你们俩吵什么呀?

B: 妈妈, 哥哥不仅不帮我学习, 反而 _____。

2 A: 够了! 不要再说了。

B: 你怎么能这么跟我说话呢? 我毕竟是你的长辈啊, 你不仅不 _____ 反而 _____, 太不像话了。

3 A: 我想了很久, 我觉得我们不太合适, 还是分手吧。

B: 分手? 这么多年以来, 都是我供你念的大学, 你不仅不 _____ 反而 _____, 你怎么能这么没良心啊!

菜 单

青椒土豆丝	12元
蚝油西兰花	15元
凉拌蜇皮	20元
白灼芥兰	10元
香菇菜心	12元
干煸四季豆	15元
卤水拼盘	12元
蒜泥黄瓜	12元
火爆牛百叶	25元
辣子鸡丁	32元
水煮鱼	98元
毛血旺	58元
东坡肉	48元
拔丝地瓜	18元
香辣肉丝	38元
红烧排骨	35元
香卤鸭舌	35元
溜肥肠	35元
火爆龙虾	时价
清蒸鲑鱼	时价
干烧青鳝	时价
清蒸海虹	56元
重庆扣肉	36元
砂锅豆腐	28元

信 任

　　大学毕业前夕(qiánxi, 직전), 女朋友忙于找工作, 我呢, 因为考上研究生, 所以没事做, 整天泡(pào, 틀어 박히다, 죽치다)网吧。在网上聊天儿的时候, 认识了一个叫"听雨"的女孩儿, 跟她聊天儿是一种享受, 我们决定见面了。

　　那是一个阳光灿烂(cànlàn, 찬란하다)的下午, 我抱着一束鲜花, 站在广场最显眼(xiǎnyǎn, 눈에 띠다)的地方, 等候她的到来。这时, 我收到了女朋友的短信:"刚才我和朋友路过广场, 看见了你。她们都来问我是怎么回事儿, 我说我信任你。记住: 就算(jiùsuàn, 설령…이라도)在大街上看到你牵(qiān, 끌다)着另一个女孩儿的手, 只要你说不是, 我就相信你。"我惊呆(jīngdāi, 멍해지다)了, 我把鲜花随手(suíshǒu, 손이 가는 대로)送给了过路的情侣(qínglǚ, 연인)。

问题:

1. 男的原来打算把花送给谁?

2. 后来男的为什么把花送给了过路的情侣?

特殊的经历

沙明新: 前两天在公交车上经历了意外的事情。

于景洋: 不会是出车祸了吧? 1

沙明新: 那倒不是。那天, 公交车开到人民广场站时, 上来了一位腿脚不
方便的老人, 这时一位年轻的女孩儿, 站起来给那位老人让了座
位, 没想到一个醉鬼模样儿的男人马上就坐了上去。 2

于景洋: 真是讨厌, 怎么会有这种人?

沙明新: 我当时十分气愤, 说道: "请你站起来, 把座位让给这位老人!"
那男人好像没听见我说的话, 于是我又大声喊道: "请你站起来!"

于景洋: 哇, 你当时看上去一定很神气。

沙明新: 这时, 那个男人突然向我扑了过来。 3

于景洋: 你有没有受伤啊?

沙明新: 我受了点儿伤, 但是不太严重。

于景洋: 你应该赶快报警啊!

沙明新: 听我说呀, 司机看到这种情形, 突然加快了速度, 乘客们都吓呆了。

于景洋: 大概司机是被吓坏了, 所以慌乱中加快了速度。

沙明新: 正好相反。等车停下来的时候, 大家才发现, 司机把汽车开到了派出所前。

于景洋: 原来司机是最冷静的。

沙明新: 警察打算押走我和那个醉汉。这时那个让座的女孩儿指着我对警察说: "这位是无辜的, 是那个喝醉酒的男人抢了别人的座位, 还动手打了这位。"

于景洋: 真的是一次很不寻常的经历啊。

沙明新: 最特别的还在后面, 那个年轻的女孩儿, 一直在派出所外面等着我, 她请我喝了杯咖啡, 那天我们聊了很长时间。

于景洋: 那个女孩儿是不是对你有好感啊?

沙明新: 我也不清楚, 不过最近我们每天都通电话, 这个周末还约好了一起去看电影呢。

于景洋: 明新, 加油啊! 希望能早日喝上你的喜酒。

分组讨论下面的问题:

1 和大家分享一下你的一次特殊的经历吧。

2 有些人的人生似乎(sìhū, 마치…인 듯하다)总是很精彩, 而有些人却很平淡(píng dàn, 평범하다), 你认为原因是什么?

3 你喜欢和陌生人(mòshēngrén, 낯선 사람)说话吗? 为什么?

4 当你看到有人被打时, 你会选择拔刀相助(bádāoxiāngzhù, 팔을 걷어 붙이고 도와 주다)还是逃跑(táopǎo, 도망가다)?

生词

회화

□ 腿脚 tuǐjiǎo · 명 다리 (다리와 발)

□ 模样儿 múyàngr · 명 모양. 형상. 모습

□ 气愤 qìfèn · 형 분개하다. 분노하다

□ 说道 shuōdào · 동 말하다

□ 于是 yúshì · 접 그래서. 이리하여. 그리하여

□ 喊道 hǎndào · 동 큰 소리로 외치다

□ 神气 shénqì · 형 멋지다

□ 扑 pū · 동 돌진하다. 달려들다

□ 报警 bàojǐng · 동 경찰에 신고하다

□ 加快 jiākuài · 동 속도를 올리다

□ 乘客 chéngkè · 명 승객

□ 吓呆 xiàdāi · 동 놀라 멍해지다

□ 吓坏 xiàhuài · 동 깜짝 놀라다

□ 慌乱 huāngluàn · 형 당황하고 혼란하다

□ 冷静 lěngjìng · 형 침착하다. 냉정하다

□ 押 yā · 동 구류하다. 잡아서 가두다

□ 醉汉 zuìhàn · 명 취한. 술 취한 남자

□ 无辜 wúgū · 형 무고하다. 죄가 없다

□ 抢 qiǎng · 동 빼앗다. 탈취하다. 약탈하다

□ 动手 dòngshǒu · 동 사람을 때리다. 손찌검 하다

□ 寻常 xúncháng · 형 평범하다. 예사롭다

语法解释

1 不会是出车祸了吧?

'不会……吧?'는 '……은 아니겠지?'란 뜻으로 어떤 일에 대한 추측을 나타낸다.

今天是爸爸的生日, 大哥不会不知道吧?
明天不会下雨吧?

2 没想到一个醉鬼模样儿的男人马上就坐了上去

'坐了上去'는 서 있던 사람이 의자에 잽싸게 앉는 모양을 형용하는 말이다. 이와 같이 '동사 + 上去'는 어떤 동작이 아주 빠른 시간 내에 이루어짐을 나타낸다.

当我看到前面有棵大树的时候, 我的汽车已经结结实实地撞了上去。
记者赶到现场时, 看到一名消防队员(소방 대원)不顾生命的危险冲了上去。

그밖에 '上去'는 동사 뒤에 쓰여 '올라가다'란 뜻으로 동작의 진행방향을 나타내기도 한다.

没办法我也只好跟着他爬了上去。
孩子们看到旋转木马(회전 목마)以后高兴地骑了上去。

'传/递/提 + 上去'는 컴퓨터에 사진을 '올리다', 상사에게 사직서를 '올리다', 성적을 '올리다' 등의 의미를 나타내기도 한다.

我已经把照片都传了上去。
今天我终于把辞职信递了上去。
我一定要把成绩提上去。

3 那个男人突然向我扑了过来

'过来'는 동사 뒤에 쓰여 동작의 이동 거리를 나타낸다. 따라서 '扑了过来'는 '덮쳐 오다'란 뜻을 나타낸다.

从明天开始搬过来跟我们一起住吧。
你把汽车开过来吧。

谈谈你的一次特殊经历

	具体内容	备注
上小学的时候		
上初中的时候		
上高中的时候		
上大学的时候		
谈恋爱的时候		
坐火车的时候		
坐飞机的时候		
在国内旅行的时候		
去外国旅行的时候		
考试的时候		
面试的时候		
喝醉酒以后		
坐地铁的时候		

请帮帮我

我是否应该接受她的爱?

请谈谈你的看法

　　我有一个非常有钱的朋友, 我经常去他家玩儿, 他有一个姐姐, 比我大9岁, 有一天那位姐姐突然对我说她喜欢我, 想跟我结婚。她长得不太漂亮, 但非常有钱, 也非常有能力, 她是一个化妆品公司的老板。你说我是否应该跟她结婚?

爸爸要再婚

请谈谈你的看法

　　我母亲很早就去世了, 所以我父亲一个人辛辛苦苦带大了我们兄弟姐妹三个, 现在我们都结婚了, 父亲也老了, 已经70多岁了。但这时我父亲突然说要结婚, 那个女的比我父亲小20岁, 而且还有两个上中学的孩子。

头疼的关系学

请谈谈你的看法

　　我和我们单位的小张关系特别好, 他比我小2岁, 平时他一直都非常尊重我, 下班以后, 我们经常一起去喝酒。可是, 他升(승진하다)得非常快, 他已经当上了部长, 可我却还是科长, 所以我慢慢地疏远(shūyuǎn, 멀리하다)了他, 现在我们的关系越来越尴尬(gāngà, 어색하다)了, 不要说一起喝酒, 就连打招呼时也有点儿不自然了。你说我应该怎么办?

1 用 "不会……吧?" 改写下列句子

例句: 你不认识我了? 我是你高中同学, 李新啊。

→ 你不会不认识我了吧? 我是你高中同学, 李新啊。

① 他会不会来啊? 如果他不来, 那可就出大问题了。

→

② 是不是出车祸了? 我好担心啊!

→

③ 今天是我们结婚两周年纪念日, 你难道不知道吗?

→

2 选择适当词语

① 每当我在工作中 (遇到 / 遇见) 困难的时候, 他都会主动帮助我。

② 快点儿 (出 / 加快) 速度啊! 要不然我们会迟到的。

③ 他这个人遇事(일에 부딪치다)很 (冷静 / 安静), 从来不冲动(흥분하다)。

④ 我觉得他是一个非常不 (平常 / 寻常) 的人。

⑤ 每当在地铁里看到 (腿脚 / 手脚) 不方便的人时, 我都会给他让座。

⑥ 你把钱包弄丢了? 那快点儿 (报警 / 申告) 啊!

3 用"突然……"完成句子

1 我突然觉得 _____，所以马上给孩子的妈妈打了个电话。

2 刚才还是晴天，可是突然 _____。

3 有一天，他突然对我说："_____。"把我吓了一大跳。

4 这件事情来得太突然了，我们大家 _____。

5 正在做饭的时候，电灯突然灭(miè, 불이 꺼지다)了，_____。

6 他会不会突然 _____ 啊?

7 _____我感到很突然。

4 用"我跟你正好相反，……"完成下列对话

1 A: 我特喜欢吃肉，每顿饭没有肉就吃不下去饭。

　B: _____。

2 A: 我觉得还是生儿子好。

　B: _____。

3 A: 早婚比晚婚好多了! 你看我，才40多岁，可我的孩子都上大学了。

　B: _____。

成语	所表达的意思
一本万利	적은 자본으로 큰 이익을 얻다
一本正经	태도가 단정하다. 진지하다
一病不起	병이 나더니 다시는 일어나지 못하다
一而再, 再而三	몇 번이고 되풀이하여. 재삼재사
一寸光阴一寸金	시간은 금이다
一帆风顺	순풍(順風)에 돛을 올리다; 일이 순조롭게 진행되다
一回生, 二回熟	처음에는 서툴러도 두 번째는 익숙해진다; 어떤 일이든지 회수가 거듭될수록 익숙해지게 마련이다
一举两得	일거양득. 꿩 먹고 알 먹기
一口答应	한마디로 승낙하다
一口否认	한마디로(일언지하에) 부인하다
一览无遗	한눈에 들어오다
一毛不拔	털 한 가닥도 안 뽑는다; 인색하기 그지없다
一命呜呼	일순간 목숨이 오호로구나; 일순간 황천길로 가다
一马当先	앞장서다
一炮打响	한번에(단번에) 성공하다
一拍即合	한 박자에 들어맞다; (쌍방의 의견 따위가) 단번에 일치하다

成语	所表达的意思
一事无成	한 가지의 일도 이루지 못하다. 아무 일도 성사하지 못하다
一意孤行	남의 의견을 받아들이지 않고 자기의 고집대로만 하다
一丝不挂	실 한 오라기도 걸치지 않다
一塌糊涂	엉망진창이 되다. 뒤죽박죽이다
一无所知	하나도 아는 것이 없다. 아무 것도 모르다
一心一意	전심으로. 일편단심으로. 일념으로
一言难尽	한 마디 말로 다 설명할 수는 없다. 일이 복잡하다
一针见血	급소를 찌르다; 한 마디로 따끔한 경고·충고를 하다

请在下列表格中, 填写出你能背下来的一字开头(kāitóu, 시작하다)的成语,
然后大声朗读, 并翻译出自己所朗读的内容

	一字开头的成语	朗读并翻译

东西方文化的差异

刘菲: 周露, 好久不见! 你的这次英国之行怎么样? 有何感想?

周露: 这次旅行真是一次难忘的经历。我们住在一个普通英国夫妇家里, 体验到了地道的英国式家庭生活,[1] 游览了伦敦塔, 还参观了牛津大学。

刘菲: 听起来真令人兴奋,[2] 告诉我都发生了哪些有趣的事情。

周露: 我体会最深的是东西方文化的差异。举个简单的例子, 用餐时如果人家问你是否再来点儿, 而你说谢谢, 不用了的话, 他们就真的认为你已经吃饱了。

刘菲: 我明白了, 东方人的顾虑比较多, 而西方人则比较直率。

周露: 是的, 西方人不会掩饰自己的不愉快, 也会很直接地拒绝对方。

刘菲: 听说西方的父母都不反对自己的子女有异性朋友, 是吗?

周露: 对, 他们会请孩子的男女朋友到家里来做客。

刘菲: 这和我们的家长好像不太一样。

周露: 英国的家长给孩子充分的自主权, 所以那里的孩子要比我们成熟一些。

刘菲: 还有什么特别之处吗?

周露: 那里的孩子一成年就会离开父母, 结了婚之后, 就更不会跟父母住在一起了。但是他们懂得经常向家人表达自己的爱。

刘菲: 我好像从来没有对父母说过我爱他们。

周露: 英国人常常拥抱、亲吻自己的家人。

刘菲: 有这种必要吗? 每天朝夕相处的人, 还天天抱来抱去的。3

周露: 对含蓄的东方人来说,4 这确实很难理解。

刘菲: 你参加过他们的晚宴吗?

周露: 参加过, 在晚宴上, 客人们可以品尝到地道的英国美食, 还可以伴随美妙的音乐尽情地跳舞。

刘菲: 看来你这次英国之行收获确实不小。

分组讨论下面的问题:

1　你觉得东西方文化的最主要差异是什么?

2　你欣赏西方人的哪些性格或品质?

3　如果你的孩子要跟外国人结婚的话, 你会反对吗? 为什么?

4　你觉得结了婚之后, 跟父母住在一起好还是分开住好? 为什么?

5　你觉得怎么做能培养(péiyǎng, 키우다)孩子的独立性?

生词

회화

□ 何 hé · 때 무엇. 무슨. 어떤. 어느

□ 体验 tǐyàn · 명동 체험(하다)

□ 伦敦塔 Lúndūntǎ · 명 런던탑

□ 牛津大学 Niújīndàxué · 명 옥스포드 대학

□ 令 lìng · 동 …하게 하다. …을 시키다

□ 体会 tǐhuì · 동 체득하다. 체험하여 터득하다

□ 举例子 jǔlìzi 예를 들다

□ 是否 shìfǒu ……인지 아닌지

□ 顾虑 gùlǜ · 명 고려. 우려. 근심. 걱정. 심려

□ 则 zé · 접 오히려

□ 直率 zhíshuài · 형 솔직하다

□ 掩饰 yǎnshì · 동 (결점·실수 따위를) 덮어
    숨기다. 속이다

□ 自主权 zìzhǔquán · 명 자주권

□ 懂得 dǒngde · 동 (뜻·방법 따위를) 알다.
    이해하다

□ 拥抱 yōngbào · 동 포옹하다

□ 亲吻 qīnwěn · 동 키스하다. 입 맞추다

□ 朝夕相处 zhāoxīxiāngchǔ 늘 함께 지내다

□ 抱 bào · 동 안다. 포옹하다

□ 含蓄 hánxù · 형 (생각·감정 따위를) 쉽게

드러내지 않다

□ 美妙 měimiào · 형 미묘하다. 아름답고 즐
    겁다

□ 尽情 jìnqíng · 부 실컷. 마음껏

语法解释

1 体验到了地道的英国式家庭生活

'体验到'는 '체험하게 되다'란 뜻을 나타낸다. 이와 같이 '到'는 동사 뒤에 쓰여 '……하게 되다'라는 의미를 나타낸다.

我已经感觉到了。
大家都意识到了事态的严重性。

그밖에 '到'는 '동사 + 到 + 명사'의 형식으로 '……까지'란 의미로 쓰이기도 한다.

昨天晚上我们一直喝到半夜十二点。
我刚才说到哪儿了?

2 听起来真令人兴奋

동사 '令'은 '…하게하다. …을 시키다'란 뜻으로 사역의 의미를 나타낸다.

这件事情很令人深思。
那是一部非常令人感动的电影。

3 每天朝夕相处的人, 还天天抱来抱去的

'抱来抱去'는 반복적으로 포옹하는 것을 가리킨다. 이와 같이 '来'와 '去'
앞에 같은 동사가 와서 어떤 동작의 반복을 나타낸다.

孩子们在院子里跑来跑去的, 玩儿得特别开心。
想来想去我还是决定去美国留学了。

4 对含蓄的东方人来说

'对……来说'는 '……에게는'란 뜻으로 특정 사람이나 일의 각도에서 어떤 상황을
파악할 때에 사용하는 표현이다.

对韩国人来说, 学日语比学汉语容易多了。
这件事情, 对我来说非常重要, 所以你一定要跟我说实话。

你的选择

在人的一生中, 都会遇到各种各样的烦恼和抉择, 请你仔细阅读下面的每一个问题, 然后根据你的实际情况, 在 a.b.c.d. 四个答案中, 选择其中的一个。

1. 如果你的爸爸得了癌症(áizhèng, 암)的话, 那么你会……
   a. 尽量隐瞒(yǐnmán, 숨기다)事实
   b. 卖掉我的全部资产来挽救(wǎnjiù, 만회하다)他的生命
   c. 告诉他实话
   d. 我会非常伤心

2. 在你孩子很小的时候, 如果你爱人不幸早逝(zǎoshì, 일찍 죽다)的话, 那么你会……
   a. 我会再婚
   b. 我会找一个爱我孩子的人
   c. 我会一心照顾孩子, 不会去想再婚的问题
   d. 我会非常失望, 然后孤独地度过(dùguò, 보내다)我的余生(yúshēng, 여생)

3. 你的两个孩子都结婚了, 工作也比较稳定(wěndìng, 안정적이다)。你和你爱人, 已经退休了, 有两套大房子和每个月80万元的养老金, 那么你会……
   a. 卖掉一套房子, 舒舒服服地过日子
   b. 死后给每个孩子一套房子
   c. 把两套房子都卖掉, 把钱存到银行, 然后你跟你爱人尽情享受生活
   d. 卖掉一套房子, 然后用这个钱做生意

4. 你和你爱人已经四十多岁了, 但仍然没有孩子, 这时你会……
   a. 到孤儿院领养(lǐngyǎng, 입양하다)一个孩子
   b. 找一个年轻美丽的女人, 替你和爱人生一个孩子
   c. 试图生一个试管婴儿(shìguǎn yīng'ér, 시험관 아이)
   d. 我不会怪罪(guàizuì, 원망하다)任何人, 我会乐观地生活

5. 你们公司的老板想把自己的女儿嫁(jià, 시집가다)给你, 可是你已经有相爱(서로 사랑하다)多年的女朋友, 这时你会……
   a. 跟女朋友分手, 然后跟老板的女儿结婚
   b. 告诉老板实话
   c. 左右为难(zuǒyòuwéinán, 진퇴양난)
   d. 辞职, 然后跟女朋友结婚

6. 你厌烦(yànfán, 싫증나다)了在别人手下工作, 所以想自己开一个饭店, 可是你爱人却坚决反对, 这时你会……
   a. 放弃开饭店的想法
   b. 偷偷(tōutōu, 남몰래)贷款(dàikuǎn, 대출하다)开饭店
   c. 辞掉(cídiào, 그만두다)现在的工作, 休息一段时间
   d. 说服爱人, 一直到她同意为止

54

五号病床是年过六十的中国老人。他的床边摆(bǎi, 배열하다)满了鲜花和各种礼品。每天来看他的人,接连不断。而六号床却是另一种景象。那是一个将近七十岁的澳洲(호주)老人,没有鲜花,没有礼品,也没有人来看他,一个人孤独地躺(tǎng, 눕다)在病床上。

中国老人觉得他比澳洲老人幸福多了,他经常给澳洲老人水果吃,还把他的鲜花摆在澳洲老人的床前,这样两个老人的关系自然亲近了许多。一天,澳洲老人拿出一本厚厚的相册(xiàngcè, 앨범),给中国老人讲述(jiǎngshù, 이야기하다)了他的过去。翻(fān, 넘기다)着一幅幅照片,中国老人随着澳洲老人漫游

两种青春,两种晚年

(mànyóu, 자유롭게 유람하다)了全世界:法国的凯旋门(Kǎixuánmén, 개선문)、埃及的金字塔(피라미드)、日本的富士山(후지산)……这灿烂的人生,对于中国老人来说就像做梦一样,还有一幅幅美女照片,中国老人很惊讶(jīngyà, 의아해하다)地问:"你……你是百万富翁(bǎiwànfùwēng, 백만장자)?"澳洲老人笑了笑,满脸青春再现(zàixiàn, 재현하다)。他并非(bìngfēi, 결코 …이 아니다)百万富翁,不过是个普通的汽车修理工,平日起早贪黑(qǐzǎotānhēi, 아침 일찍 일어나고 밤늦게 자다)地工作,假期漫游世界。这种单身

(dānshēn, 독신)的欢乐,换来了一个孤独寂寞的晚年。但他认为,晚年本来就是孤独的,如果一个人没有青春时期的浪漫回忆,再辉煌(huīhuáng, 휘황찬란하다)的晚年也是人生的遗憾。

中国老人把自己所有的一切无私地奉献(fèngxiàn, 삼가 바치다)给了自己的儿女。来澳州二十多年,他整天在建筑工地(건축 현장)辛勤(xīnqín, 부지런하다)工作,竟连悉尼剧院(Xīníjùyuàn, 시드니 오페라 극장)也没去过。

问题:

1. 你觉得中国老人和澳洲老人,谁的晚年更幸福?

2. 你打算怎么度过你的晚年?

1 用"从来没(不)……"完成下列对话

例句：**A:** 你学过德语吗?

　　　B: 我从来没学过德语。

① A: 你是不是谈过很多次恋爱? 告诉我谈过几次?

　　 B:

② A: 你对你父母撒过谎吗?

　　 B:

③ A: 你真的不吸烟吗?

　　 B:

④ A: 你蹦过极(번지점프를 하다)吗?

　　 B:

2 用"收到, 感觉到, 赶到, 说到, 喝到, 开到, 送到"填空

① 昨天晚上你们 (　　　　) 几点?

② 你 (　　　　) 我给你发的电子邮件没有?

③ 那时我已经 (　　　　) 了他很喜欢我。

④ 张小姐, 麻烦你把这份资料 (　　　　) 人事部。

⑤ 你把车 (　　　　) 前面来吧。

⑥ 刚才我 (　　　　) 哪儿了?

⑦ 当记者 (　　　　) 现场的时候, 火已经被扑灭(pūmiè, 진화되다)了。

3 选择适当词语

❶ 看完《寄生虫^(기생충)》之后, 你有何 (感觉 / 感想)?

❷ 你去英国牛津大学进修了一年, 请谈谈你的 (经验 / 体会)。

❸ 你到底有什么 (担心 / 顾虑) 啊?

❹ 我这个人说话比较 (诚实 / 直率), 请不要介意。

❺ 北京大学艺术学院 (造就 / 造成) 了许多艺术人材。

❻ 我看时间来不及了, 我们 (一直 / 直接) 去火车站吧。

❼ 我不 (明白 / 懂得) 经济, 也不 (明白 / 懂得) 政治。

❽ 我觉得英国人很 (热情 / 亲切)。

4 用 "对……来说" 完成下列对话

❶ A: 你觉得汉语难还是英语难?

　　B: ＿＿＿＿＿＿＿＿＿＿＿＿＿＿＿＿ 。

❷ A: 跟你说过多少遍了, 考试结果还没有出来, 你怎么总是问个没完啊?

　　B: 因为这次考试 ＿＿＿＿＿＿＿＿＿＿＿＿＿＿＿＿＿＿ 。

❸ A: 明天我们去看枫叶, 一大早就得出发, 五点你起得来吗?

　　B: 五点? 太早了吧, ＿＿＿＿＿＿＿＿＿＿＿＿＿＿＿＿ 。

你的选择

下面是网民(네티즌)对上大学的各种看法,在这些观点之中,你同意哪些观点?

天马

人生是一个不断选择的过程,我当然知道,上大学的确(díquè, 분명히)不是惟一的出路,但是如果它在某种特定情况下,作为所有选择里最好的出路,那放着这么好的机会,有什么理由不去好好把握(bǎwò, 잡다)呢?

听雨

有机会的话,还是去读书好!给你机会,结识更多的朋友,接触更多的事和物,何乐而不为(왜 즐기지 않겠는가)呢?等到工作了,还有时间和精力吗?

鸟语

社会也是一所大学,不是吗?上大学已经不是通往(…으로 통하다)成功的惟一出路了。如果学了一门很差(chà, 좋지 않다)的专业,还不如高中一毕业就去学一门技术,也许找工作更容易些。

我们一定要读大学吗?

小虾

我没上过大学,虽然我现在也还混(hùn, 그럭저럭 살아가다)得不错,但相比那些大学毕业的同学,我觉得自己在求职(qiúzhí, 일자리를 찾다)的路上,浪费了更多的时间,经历了更多的失败。如果生命能够重来(chónglái, 거듭 오다),再要我选择一次,我一定会选择高中时好好读书,考上大学。

枫叶

知识很重要,但不一定非得(fēiděi, 반드시 …해야 한다)上大学,上大学的优点是可以有更多时间集中学习,但如果自己不珍惜(zhēnxī, 소중히 여기다),上了大学也学不着真本事。

草莓

其实上不上大学,看个人,有好多人没上过大学,他们还不是一样成为亿万富翁(yìwàn fùwēng, 억만 장자)。但也不一定说上大学就不好,也有好多人读完了大学才开始创业的,一样是大富大贵(아주 부귀하다)。

结婚礼物

　　一对新婚不久的年轻夫妇, 收到了许多亲朋好友送给他们的结婚礼物, 有的很贵重, 有的却很实用。其中, 有一个信封, 里面只是装着两张电影票和一张小纸条, 小纸条上面只写了五个小字: 猜猜我是谁? 这对夫妻想了很久, 谁会送电影票给他们呢?

　　想了半天就是想不出来。"算了吧! 不要想了, 既然人家是一番好意, 我们今天晚上就去看电影好了。"

　　等看完电影, 小两口回到家时, 可真是大吃一惊, 小偷把他们家所有贵重值钱的东西都偷走了。

　　最后在饭桌上发现一张纸条, 上面写着:"猜出我是谁了吧!"

问题:

1. 电影票是谁送的?

2. 那个人为什么送电影票给新婚夫妇?

第6课 活到老，学到老

王笑凌: 听说你最近在网上开了个店。

徐文义: 是呀，所以我现在正在学习使用Photoshop和网页制作。

王笑凌: 这我就不明白了，你说的这些和网上交易有什么关系吗?

徐文义: 在信息化社会里，网上贸易竞争十分激烈，所以，除了商品质量好以外，还需要漂亮的产品图片和新颖的宣传。

王笑凌: 噢，那具体怎么操作啊?

徐文义: 首先要用数码相机拍下你的产品，再用Photoshop进行图像编辑，最后把它发布到你的网页上。

王笑凌: 原来这里还有这么多学问啊，还真不能小瞧这网上开店。

徐文义: 现在科学技术越来越发达，所以我们要学的东西也越来越多。

王笑凌: 我一直认为自己对电脑、上网很了解, 原来还存在着这么多盲点啊!

徐文义: 所以俗话说, 活到老, 学到老嘛。2

王笑凌: 其实我也很想学这些东西, 不过我担心学不会。

徐文义: 你放心好了, 现在各种电脑程序的操作非常简便, 只要你用心学的话, 肯定能学会。3

王笑凌: 真的? 那我可就听你的了, 下个月开始报名学网页制作了。

徐文义: 太好了, 你就到我现在学习的电脑学习班报名吧, 那我们就可以天天见面了。

王笑凌: 谢了! 咱俩见面不是喝酒就是抽烟, 告诉你, 我从上个星期开始戒酒了。

徐文义: 戒酒了? 你不是说喝酒是你唯一的乐趣吗?

王笑凌: 哎, 别提了! 大夫说我是酒精肝儿, 再不戒酒的话, 就会有生命危险。4

徐文义: 是吗? 你身体那么棒, 怎么会得那种病呢? 我喝酒喝得也很多, 我的肝儿会不会也有问题啊?

王笑凌: 你最好是去医院检查一下。

徐文义: 噢。

分组讨论下面的问题:

1 你有没有觉得跟不上(따라가지 못하다)时代的步伐(bùfá, 발걸음)了?

2 最近你有没有特别想学的东西?

3 有了手机非常方便, 随时都可以联系, 但想躲避(duǒbì, 피하다)时, 手机同时又成了一个累赘(léizhui, 귀찮게 하는 것); 有了电脑生活轻松了许多, 但利用电脑的各种犯罪(fànzuì, 범죄)行为也越来越多了。请你谈一谈手机和电脑的利(lì, 이로운 점)与弊(bì, 해)。

生词

网页 wǎngyè · 阌 인터넷 홈페이지

制作 zhìzuò · 阌 제작하다. 만들다

交易 jiāoyì · 阌阌 교역(하다). 거래(하다)

信息化 xìnxīhuà · 阌 정보화

竞争 jìngzhēng · 阌阌 경쟁(하다)

激烈 jīliè · 阌 격렬하다. 치열하다. 극렬하다

图片 túpiàn · 阌 사진 · 그림 · 탁본 등의 총칭

新颖 xīnyǐng · 阌 참신하다. 새롭고 독특하다

宣传 xuānchuán · 阌阌 선전(하다)

操作 cāozuò · 阌阌 조작(하다)

首先 shǒuxiān · 阌 맨 먼저. 무엇보다 먼저

拍下 pāixià (사진을) 찍다

图像 túxiàng · 阌 (그리거나 촬영된) 형상.
영상

编辑 biānjí · 阌阌 편집(하다). 편찬(하다)

发布 fābù · 阌 발포하다. 선포(宣布)하다

学问 xuéwèn · 阌 학문. 지식

小瞧 xiǎoqiáo · 阌 【구어】 업신여기다.
얕보다. 깔보다

开店 kāidiàn 가게를 오픈하다

存在 cúnzài · 阌阌 존재(하다)

盲点 mángdiǎn · 阌 맹점

程序 chéngxù · 阌 (컴퓨터)프로그램

简便 jiǎnbiàn · 阌 간편하다. 간단하고
편리하다

用心 yòngxīn · 阌 마음을 쓰다. 심혈을 기울
이다. 주의력을 집중하다

唯一 wéiyī · 阌 유일한. 하나밖에 없는

酒精 jiǔjīng · 阌 알코올

肝 gān · 阌 간

语法解释

1 首先要用数码相机拍下你的产品

명사 '首先'은 '맨 먼저'란 뜻으로 주어 앞이나 주어 뒤에 위치할 수 있다.

大家首先要注意安全。

首先到达终点的人获胜。

그밖에 '首先……其次……'의 형식으로 열거하는 경우에도 쓰인다.

首先学习成绩要好, 其次人品也要优秀, 最后身体还要健康。

女孩子结婚的时候, 一般来说首先考虑对方的能力, 其次考虑性格和长相。

2 活到老, 学到老

'活到老, 学到老'은 '늙어 죽을 때까지 배움은 끝나지 않는다. 배움의 길은 끝이 없다'란 중국의 속담이다. 다음은 배움에 관한 중국 속담들이다.

有志者事竟成。 뜻만 있으면 일은 반드시 성취된다; 하려고만 들면 못 해낼 일이 없다

青出于蓝而胜于蓝。 청출어람. 제자가 스승보다 더 낫다

3 只要你用心学的话, 肯定能学会

'只要'은 '…하기만 하면'란 뜻으로 필요 조건을 나타낸다.

只要你给他们打个电话, 他们就会把东西送过来。

只要下功夫, 你就一定能学会。

4 再不戒酒的话, 就会有生命危险

'再'은 '다시……한다면'란 뜻으로 가정의 의미를 나타내며, 가정을 나타내는 접속사는 있어도 되고 없어도 된다.

你再哭, 妈妈就不带你去了。

下次再迟到的话, 我就不让你进教室了。

请帮帮我

我的男朋友要去美国留学

请谈谈你的看法

我和我男朋友交往了4年，感情一直都非常好，可是最近我们的关系变得非常微妙(wēimiào, 미묘하다)，因为他要去美国留学，而我却不能去，他没说要跟我分手，但也没说让我等他，我呢，虽然不希望他去美国留学，但我知道我不应该那么自私(이기적이다)，可我又不想失去他。你说我该怎么办？

我不是摇钱树(돈줄)

请谈谈你的看法

最近我的生意(장사)不太好，但花销(huāxiāo, 지출)却比以前大，因为我的两个孩子都上了大学，一年光(단지)学费就得两千来万。更让我头疼的是我弟弟要买房子，想跟我借五千万，我妹妹要做生意，想跟我借三千万，我妈妈耳朵不太好，想让我给她买助听器(zhùtīngqì, 보청기)，你说我该怎么办？

我丈夫好像有外遇了

请谈谈你的看法

我丈夫很不善于表达(표현하다)，平时也很少帮我做家务，可是最近我发现他有点儿变了，不仅帮我洗碗、打扫房间，而且还给我买很贵的衣服。他每天下班都很晚，有时还不回家睡觉，去外国出差的时候也很少(자주 ~하지 않다)给我打电话。因此(yīncǐ, 그래서)我偷偷看了一下他的手机短信，发现他有了外遇(wàiyù, 부부 이외의 남녀 관계)，他们约好了下个星期一起去泰国旅游。

序号	各种幸福观	同意与否
1	活着是幸福，死了也是幸福。	
2	幸福就是不知道，什么都知道了就没意思了。	
3	幸福是有一个人可以让你爱着，有一件事可以让你做着，有一个家可以让你牵挂(qiānguà, 걱정하다)着。	
4	幸福是内心的充足、踏实(tāshi, 편안하다)和快乐的感觉。	
5	幸福就是一种感觉，一种理解，是心理上的一种满足感。	
6	幸福是做自己喜欢的事情，是和自己喜欢的人在一起。事业做成了，愿望实现了，你爱的人与你结婚了。	
7	幸福是没有烦心的事，也没有烦心的人。	
8	幸福是你爱的人也爱你，你喜欢的人也喜欢你，你想念的人也在想念你。	
9	幸福是你不欠(qiàn, 빚지다)别人的钱，别人也不欠你的钱。	

一个穷人说：有钱就是幸福。一个乞丐(qǐgài, 거지)说：有饭吃就是幸福。

一个出差的人说：回家就是幸福。一个盲人说：能看见就是幸福。

一个光棍(guānggùn, 홀아비)说：有女人就是幸福。一个农民说：丰收(fēngshōu, 풍작)就是幸福。

一个参加高考的学生说：考上大学就是幸福。一个奥运选手说：拿到金牌就是幸福。

一个丢失孩子的母亲说：找到孩子就是幸福。一个病人说：能够活着就是幸福。

问题：

你认为什么是幸福？

....

....

练习题

1 用 "首先……其次……" 完成下列对话

例句: **A:** 参观工厂的时候，应该注意哪些事项?
B: 首先一定要注意安全，其次要听从(복종하다, 따르다)指挥。

① A: 办签证需要准备些什么?
B:

② A: 开会的时候, 谁先发言?
B:

③ A: 你会煮方便面吗?
B:

2 用 "再, 又, 也, 还" 填空

① 我已经喝多了, 不能 (   ) 喝了, 你就饶(ráo, 용서하다)了我吧。

② 我不仅会说英语, (   ) 会说日语和法语。

③ 你怎么 (   ) 迟到了?

④ 对不起, 我们已经下班了, 您明天 (   ) 来吧。

⑤ 除了小张以外, 小李 (   ) 没结婚。

⑥ 你 (   ) 想去哪儿?

⑦ 除了北京、上海以外, 我 (   ) 去过西安和桂林。

⑧ 我 (   ) 想去 (   ) 不想去。

66

3 用"和……(没)有关系"完成句子

① 饮食习惯和 ＿＿＿＿＿＿＿＿＿＿＿ 有关系吗?

② 你的工作和 ＿＿＿＿＿＿＿＿＿＿＿ 有关系吗?

③ 你不要乱猜啦, ＿＿＿＿＿＿＿＿＿＿＿ 和我能有什么关系? 你就相信我好了。

④ 嗨, 别提了! 我的专业和 ＿＿＿＿＿＿＿＿＿＿＿ 没什么关系, 所以不懂的特多。

⑤ 你敢说 ＿＿＿＿＿＿＿＿＿ 和你没关系吗?

4 用"除了……还(也, 都)……"改写下列句子

① 我去过北京、上海, 还去过桂林。

→ ＿＿＿＿＿＿＿＿＿＿＿＿＿＿＿＿＿＿＿＿。

② 做饭、洗衣服和打扫房间都是我的事儿, 但洗碗是我爱人的事儿。

→ ＿＿＿＿＿＿＿＿＿＿＿＿＿＿＿＿＿＿＿＿。

③ 小张和小李都没结婚。

→ ＿＿＿＿＿＿＿＿＿＿＿＿＿＿＿＿＿＿＿＿。

④ 这次数学考试只有王明一个人得了满分。

→ ＿＿＿＿＿＿＿＿＿＿＿＿＿＿＿＿＿＿＿＿。

一个很准的性格测试

1. 如果你想盖(gài, 집을 짓다)一个养老(yǎnglǎo, 여생을 보내다)用的房子, 你会盖在哪里?
   - **a.** 湖边 (8分)
   - **b.** 河边 (15分)
   - **c.** 深山里 (6分)
   - **d.** 海边 (10分)

2. 吃西餐时, 你最先吃什么?
   - **a.** 面包 (6分)
   - **b.** 肉类 (15分)
   - **c.** 沙拉(shālā, 샐러드) (6分)
   - **d.** 饮料 (6分)

3. 过节的时候, 要喝点儿饮料, 你认为哪种搭配(dāpèi, 배합하다)最适当?
   - **a.** 圣诞节→香槟 (15分)
   - **b.** 新年→牛奶 (6分)
   - **c.** 情人节→葡萄酒 (1分)
   - **d.** 国庆日→威士忌(wēishìjì, 위스키) (6分)

4. 你通常什么时候洗澡?
   - **a.** 晚饭后 (10分)
   - **b.** 晚饭前 (15分)
   - **c.** 看完电视后 (6分)
   - **d.** 上床前 (8分)
   - **e.** 早上起床后 (3分)
   - **f.** 没有特定的时间 (6分)

5. 如果你可以化为(huàwéi, …로 변하다)天空的一隅(yú, 구석), 希望自己成为什么呢?
   - **a.** 太阳 (1分)
   - **b.** 月亮 (1分)
   - **c.** 星星 (8分)
   - **d.** 云 (15分)

6. 你觉得用红色的笔写的'爱'字比用绿色的更能代表真爱吗?
   - **a.** 是 (1分)
   - **b.** 否 (3分)

7. 如果你在选择窗帘儿(chuāngliánr, 커튼)的颜色, 你会选择哪种颜色?
   - **a.** 红色 (15分)
   - **b.** 蓝色 (6分)
   - **c.** 绿色 (6分)
   - **d.** 白色 (8分)

e. 黄色 (1分)　　　　**f.** 橙色 (3分)

g. 黑色 (1分)　　　　**h.** 紫色 (10分)

8. 挑选一种你最喜爱的水果吧!

a. 葡萄 (1分)　　　　**b.** 梨 (6分)

c. 橘子 (8分)　　　　**d.** 香蕉 (15分)

e. 樱桃(yingtáo, 앵두)(3分)　　　　**f.** 苹果 (10分)

9. 如果你是动物, 你希望身上搭配什么颜色的毛?

a. 狮子→红毛 (15分)　　　　**b.** 猫→蓝毛 (6分)

c. 大象→绿毛 (1分)　　　　**d.** 狐狸(húli, 여우)→黄毛 (6分)

10. 你会为名利(míngli, 명예와 이익)和权力, 刻意(kèyi, 고심하다)讨好(tǎohǎo, 비위를 맞추다)上司或朋友吗?

a. 会 (3分)

b. 不会 (1分)

11. 你认为工作比家庭更重要吗?

a. 是 (15分)

b. 否 (6分)

12. 如果你是一只白蝴蝶(húdié, 나비), 会停在哪一种颜色的花上?

a. 红色 (15分)　　　　**b.** 粉红色 (8分)

c. 黄色 (3分)　　　　**d.** 紫色 (6分)

13. 假日无聊时, 你会看什么电视节目?

a. 文艺节目 (10分)　　　　**b.** 新闻节目 (15分)

c. 连续剧 (6分)　　　　**d.** 体育节目 (15分)

e. 电影频道(píndào, 채널)(10分)

害人害己的传销

王笑凌: 最近我的一个好朋友竟然迷上了传销!

徐文义: 什么? 传销? 你应该赶快制止他呀。

王笑凌: 哎, 没有用。他现在一见到亲戚朋友就推销松花粉, 他说松花粉
什么病都能治。

徐文义: 他怎么会迷上传销呢?

王笑凌: 谁知道呢, 可能是一时糊涂吧。他张口闭口都是松花粉,1 我真
有点儿受不了他了!

徐文义: 他家人不知道吗?

王笑凌: 怎么可能不知道呢? 他家人都反对, 可他就是不听。2

徐文义: 迷上传销的人都这样。

王笑凌: 是啊！我跟他说，松花粉在别的地区都已经被查封了，可他就是听不进去。3

徐文义: 我听说，搞传销的人主要是靠骗亲戚朋友赚钱。

王笑凌: 我很了解他，他是一个很淳朴的人，他真的以为松花粉可以治百病，而且自己还能赚点儿钱。

徐文义: 哎，保健品是起保健作用的，怎么可能治百病呢？

王笑凌: 谁说不是呢？我一定要想办法制止他。

徐文义: 赔钱是小事，把朋友和家人都赔进去是大事。4

王笑凌: 传销真是害人又害己啊！

分组讨论下面的问题：

1 你相信传销的产品吗?

2 你买过传销的产品吗?

3 你认识的人当中，有没有搞传销的人?

4 安利(암웨이)算不算传销?

5 传销有没有什么好处?

生词

□ 迷 mí · 동 빠지다. 심취하다. 매혹되다

□ 传销 chuánxiāo · 명 다단계 판매

□ 制止 zhìzhǐ · 동 제지하다. 저지하다

□ 推销 tuīxiāo · 동 판로를 확장하다. 널리 팔다

□ 松花粉 sōnghuāfěn · 명 일종의 건강식품

□ 糊涂 hútu · 형 어리석다. 멍청하다

□ 张口 zhāngkǒu · 동 입을 열다

□ 闭口 bìkǒu · 동 입을 다물다

□ 查封 cháfēng · 동 차압하여 봉인하다

□ 靠 kào · 동 의지하다. 의거하다

□ 淳朴 chúnpǔ · 형 성실하고 꾸밈이 없다

□ 治百病 zhìbǎibìng 만병통치

□ 保健品 bǎojiànpǐn · 명 건강보조 약품

□ 保健 bǎojiàn · 동 보건하다

□ 起作用 qǐzuòyòng · 동 작용을 하다. 효과를 미치다

□ 赔 péi · 동 손해를 보다. 밑지다

□ 害人 hàirén · 동 사람(남)을 해치다. 남에게 해를 끼치다

□ 害己 hàijǐ · 동 자기를 해치다

语法解释

1 他张口闭口都是松花粉

'张口闭口'은 '입을 열었다 하면……하다'란 의미로 불만의 뜻을 나타낸다.

你每天张口闭口都是钱。
最近他迷上了钓鱼, 每天张口闭口都谈钓鱼的事儿, 烦死人了。

2 他家人都反对, 可他就是不听

여기서 '就是'는 확고한 어기를 나타낸다.

不管怎么说, 他就是不同意。
我就是不去, 你爱怎么办就怎么办吧!

3 可他就是听不进去

'听' 뒤에 '得/不'를 사용하여 가능 보어를 구성할 수 있다. 다음은 회화에서 자주 쓰는 가능 보어들이다.

汉语	韩语	汉语	韩语
听不进去	(충고나 비평을) 들으려고 하지 않다	听得进去	(충고나 비평을) 들을 수 있다
听不下去	더 이상 계속하여 들을 수 없다		
听不懂	들어서 이해할 수 없다	听得懂	들어서 이해할 수 있다
听不见	안 들린다	听得见	들린다

4 赔钱是小事，把朋友和家人都赔进去是大事

'赔进去'는 '손해를 보다 '라는 뜻을 조금 생동하게 하는 표현이다.

你一共赔进去多少钱?
没想到股票会跌得这么厉害, 我把去年赚的钱都赔进去了。

你的选择

两人一组, 仔细阅读下面的问题, 然后在所给的答案中, 选择其中的一个, 并说明理由。

1. 当你给别人买礼物的时候, 你会……
   a. 买你喜欢的东西
   b. 问他喜欢什么, 然后买他喜欢的东西
   c. 尽量买贵的东西
   d. 买实用的东西

2. 你觉得男人什么时候最有男人味儿?
   a. 替你拿重东西的时候
   b. 给你买贵衣服的时候
   c. 明明是你的错, 但他却总是先向你道歉(dàoqiàn, 사과하다)的时候
   d. 肌肉(jīròu, 근육)很发达

3. 你想学开车, 但你没有时间去驾校(jiàxiào, 운전학원), 这时你会……
   a. 跟你爱人学
   b. 请一个老师, 学20个小时
   c. 请一个老师, 只学7、8个小时
   d. 让你的好朋友教你

4. 你很不喜欢养宠物(chǒngwù, 애완동물), 但是你爱人却很喜欢, 那么你会……
   a. 不让你爱人养
   b. 虽然你不喜欢, 但你会同意他养
   c. 你会勉强(miǎnqiǎng, 마지못해)同意养, 但你会经常唠叨, 有时还会发火
   d. 你会同意养, 而且还会慢慢喜欢上养宠物

5. 你对女性的态度是怎样的?
   a. 对谁都非常热情
   b. 很少跟女性往来, 只关心你喜欢的人
   c. 不善于表达, 即使是你喜欢的人, 也不知道应该怎么做, 所以经常让女人失望
   d. 虽然你很想跟女性交往, 但你却总是找不到好的方法

6. 你要参加一个非常盛大的晚宴, 那么你会……
   a. 为了这次晚宴, 你会花钱买一套非常漂亮的衣服
   b. 跟朋友借一套衣服
   c. 从你的衣服当中, 选择最漂亮的一件
   d. 衣服穿得普通一点儿没关系, 但你会花钱吹头和化妆

7. 当你有了钱, 要买汽车的时候, 你会买什么样的汽车?
   a. 大车
   b. 小车
   c. 越野车(지프차)
   d. 外国车

8. 你觉得你爱人不适合染发, 但你爱人却非常喜欢, 而且每次都换新的颜色, 那么你会……
   a. 劝她以后不要染发
   b. 不管她
   c. 你跟她说你不喜欢染发的女人
   d. 你也染一次发, 看她有什么反应

给你算一卦

一位游客正在算卦(suànguà.점치다), **请参照**(cānzhào.참조하다)下面算卦先生和游客的对话，进行填空练习。

 今年的律师考试，我能考上吗？

 你一定能＿＿＿＿＿＿。

 可是，我已经考了两年了，都没考上。

 前两年，你没有官运(벼슬운), 也没有财运，但是今年你的运气＿＿＿＿＿＿。

 真的？太好了。那你再帮我看看，我什么时候＿＿＿＿＿？

 今年秋天，你会遇到你心爱的人，然后明年春天你就会和她结婚的。

 那我未来的对象是个什么样的人呢？

 她不仅＿＿＿＿＿，而且又非常＿＿＿＿＿。

 那我会生几个孩子？

 你会生＿＿＿＿＿。

 我的孩子将来会不会有出息(출세하다)?

 你家的老大会＿＿＿＿＿，但是老二可能会＿＿＿＿＿。

 我大概能＿＿＿＿＿?

 啊，对了，忘了问你最重要的问题,我会不会发大财？

 你大概能活到九十多岁。

年轻的时候，生活可能会比较拮据(jiéjū. 경제 형편이 곤란하다), 但晚年会非常＿＿＿＿＿。

1 用"并不认为……"完成下列对话

① A: 这可是老师说的话!

B: 我并不认为 _____ 。

② A: 我这么做完全是为了你呀!

B: 可我并不认为 _____ 。

③ A: 难道你就没有错吗?

B: 我并不认为 _____ 。

2 用"迷上, 迷住, 迷人, 上瘾, 中毒, 泡, 迷惑"填空

① 你整天就知道( )网吧, 什么时候学习啊?

② 虽然不是大赌, 但也会( )的, 我劝你还是不要玩儿下去了。

③ 我最近( )了跳舞, 别提多有意思啦!

④ 听说是煤气( ), 送到医院的时候已经晚了。

⑤ 请不要被一时的表面现象所( )。

⑥ 黄山的景色非常( ), 有机会的话你一定要去看一看。

⑦ 她长得实在是太美了! 我完全被( )了。

3 用"如果……(就)……"完成下列句子

❶ 如果你再不来,那我就 ＿＿＿＿＿＿＿＿＿＿＿＿＿＿。

❷ ＿＿＿＿＿＿＿＿＿＿＿＿＿,那就能赶上12点的末班车。

❸ 如果你不想去的话,那我就 ＿＿＿＿＿＿＿＿＿＿＿＿＿。

❹ ＿＿＿＿＿＿＿＿＿＿＿＿,开车去也可以。

❺ 如果明天不下雨的话,我们就 ＿＿＿＿＿＿＿＿＿＿＿＿。

❻ ＿＿＿＿＿＿＿＿＿＿＿＿,那下个星期六也可以,不管怎样我们得见个面。

4 请找出可以跟"受,收,接,得"动词搭配的词

❶ 受
A 尊重　　　　B 教育　　　　C 欢迎　　　　D 感动

❷ 收
A 礼物　　　　B 东西　　　　C 信用卡　　　　D 电视

❸ 接
A 电话　　　　B 活儿　　　　C 书　　　　D 孩子

❹ 得
A 孩子　　　　B 奖学金　　　　C 病　　　　D 胜

你的选择

＊请用 √ 表示你所同意的观点，用X表示你不同意的观点

- ☐ 1　好女人好看而且温暖。

- ☐ 2　试(시험하다)金可用火,试女人可以用金,试男人可以用女人。

- ☐ 3　爱是一个长而甜蜜的梦,婚姻就是一个闹钟(nàozhōng, 알람시계)。

- ☐ 4　什么是生活? 生活就是一把锤子(chuízi, 쇠망치), 把你的理想坛子(tánzi, 단지) 一个个击碎(jīsuì, 쳐부수다)。

- ☐ 5　对待人生应该像对待冰箱那样 —— 装满, 装满是为了掏空(tāokōng, 모두 끄집어내다), 不是为了保存。

- ☐ 6　和马车保持5码(mǎ, 야드)的距离(jùlí, 거리), 和马保持10码的距离, 和大象保持100码的距离, 和恶人保持尽可能远的距离。

- ☐ 7　老年人被时代淘汰(táotài, 도태하다)的最大原因, 不是年龄的增长, 而是学习热忱(rèchén, 열정)的减退(jiǎntuì, 감소하다)。

- ☐ 8　脚不能到达的地方, 眼睛可以到达, 眼睛不能到达的地方, 心可以到达。

- ☐ 9　找关系, 就是找体制的漏洞(lòudòng, 맹점)和缺陷(quēxiàn, 허점)。

- ☐ 10　婚姻要求一个男人准备四种类型的 "戒指":订婚戒、婚礼戒、受苦(고통을 받다)戒、忍耐(rěnnài, 인내하다)戒。

- ☐ 11　最值得嫁的男人: 有钱但不是太有钱;有事业心但不是工作狂;比较帅但不是大帅哥;重感情但不能太多情(정이 넘치다)。

- ☐ 12　完美(완벽하다)的人, 让人感到可爱;有缺点的人, 让人感到可信(믿을 만하다)。当一个人基本上是完美的,但稍有缺点,就会让人感到既可爱、又可信。

＊请把你同意的观点再抄写一遍，然后再举例说明一下(可分成小组进行)。

☐1

☐2

12条内裤

一个韩国人去美国旅行，在过海关的时候，海关人员要求打开行李检查，发现有七条内裤(nèikù. 팬티)，问他原因，韩国人回答："Sunday, Monday, Tuesday……Saturday"海关人员明白是一天穿一条内裤的意思。

接着(jiēzhe. 이어서)来了个法国人，海关人员要求打开行李检查，发现有五条内裤，问他原因，法国人回答："Monday, Tuesday, Wednesday, Tursday, Friday."

"星期六和星期日呢?" "No wear."

海关人员明白法国人很浪漫，星期六和星期日是不穿内裤的。

接着来了个印度人，发现有12条内裤，海关人员大惑不解(dàhuòbùjiě. 매우 의심스러워 도무지 이해되지 않다)，问他原因。印度人回答："January, February, March, April……"

旅游广告

王笑凌: 我最近很热衷于看旅游杂志。

徐文义: 你想去旅行吗?

王笑凌: 是的。因为我拿到了年终奖,我打算好好放松一下。

徐文义: 哦, 杂志上那么多的旅游胜地, 应该如何选择呢?

王笑凌: 这就是看广告的乐趣所在,₁ 你真正可以去的地方只有一个, 杂志上的旅游广告, 却可以带你浏览所有令人惊叹的美景。

徐文义: 也许你说得对,₂ 可我只想去马尔代夫。

王笑凌: 马尔代夫? 那可是美丽的地方啊!

徐文义: 我喜欢懒洋洋地躺在沙滩上晒太阳,₃ 还喜欢站在码头上吹海风。

王笑凌: 海风能带给人悠闲自在的感觉。

徐文义: 还没有说你想去哪里旅行呢。

王笑凌: 我还没有决定,我不喜欢一切安排妥当的旅行,我喜欢冒险和探秘。

徐文义: 那一定很有趣儿,不过你得准备很多东西。

王笑凌: 首先要上网搜索有关资料,比如预定酒店、制定旅游路线,了解当地气候和饮食习惯等。然后要准备一双轻便的运动鞋和照相机。

徐文义: 我们再看看广告,也许会发现更多有趣的地方。

王笑凌: 探访丽江古城怎么样?虽然我很想体验越南的风土人情……

徐文义: 我觉得每个国家都有属于自己的特色。

王笑凌: 是啊,看广告哪里都诱人,可其实去哪里并不重要,有时人们忙东忙西的,4 一天游览好几个旅游景点,却忘了旅行的真正意义。

徐文义: 我也很讨厌走马观花式的旅游。

王笑凌: 我觉得旅游的真正意义在于体验不同的文化,增长见识,尽情地享受和放松。

分组讨论下面的问题:

1 你都有哪些业余爱好? 你喜欢旅游吗?

2 旅游,除了要有钱,还需要有什么?

3 你认为旅游的真正意义是什么?

4 你觉得丰富的业余生活重要吗? 它对我们的工作有哪些帮助?

5 请你说一说你一直想去的国家,并说明理由。

6 你都去过哪些国家? 讲讲旅行中发生的有趣的故事。

生词

□ 热衷于 rèzhōngyú …에 몰두하다. …에 열중하다

□ 拿到 nádào · 동 입수하다. 손에 넣다. 받다

□ 年终奖 niánzhōngjiǎng · 명 연말 상여금

□ 如何 rúhé · 대 어떻게. 어떤. 어떻게 하면

□ 所在 suǒzài · 명 소재. 존재하는 곳

□ 浏览 liúlǎn · 동 대충 훑어보다

□ 所有 suǒyǒu · 형 모든. 일체의

□ 惊叹 jīngtàn · 동 경탄하다

□ 马尔代夫 Mǎ'ěrdàifū · 명 몰디브

□ 懒洋洋 lǎnyángyáng 편안하고 한가롭게

□ 沙滩 shātān · 명 모래톱. 백사장

□ 码头 mǎtou · 명 부두

□ 悠闲自在 yōuxiánzìzài 유유자적 하다

□ 妥当 tuǒdang · 형 알맞다. 타당하다

□ 冒险 màoxiǎn · 동 모험하다

□ 探秘 tànmì · 동 비밀을 캐내다

□ 搜索 sōusuǒ · 동 검색하다

□ 轻便 qīngbiàn · 형 (제작 · 사용 따위가) 간편하다. 편리하다

□ 探访 tànfǎng · 동 탐방하다

□ 丽江古城 Lìjiāng gǔchéng 리쨩 옛 성

□ 诱人 yòurén · 형 매력적이다

□ 景点 jǐngdiǎn · 명 경치가 좋은 곳. 명소

□ 走马观花 zǒumǎguānhuā · 성 말 타고 꽃구경하다; 대충대충 보고 지나치다

语法解释

1 这就是看广告的乐趣所在

'所在'는 '소재. 존재하는 곳'이란 뜻이지만, 실제로 사용할 때는 꼭 장소만을 가리키는 것은 아니다. 예를 들면 '乐趣所在'는 '재미가 바로 여기에 있다'란 뜻이다. 그리고 주의할 점은 '所在'은 문어체에서 많이 사용한다.

这是解决问题的关键所在。
这正是你的美丽所在。
请告诉我您所在的位置。

2 也许你说得对

부사 '也许'는 '어쩌면'이란 뜻으로 불확실한 추측을 나타내며, 주어 앞이나 주어 뒤에 모두 올 수 있다.

星期天也许加班, 也许不加班。
也许他早把大家给忘了。

3 我喜欢懒洋洋地躺在沙滩上晒太阳

조사 '地'는 형용사 혹은 중첩형 형용사 뒤에 붙어 술어 동사를 수식하는 역할을 하며, 일반적으로 '地'를 생략하는 경우가 많다.

大家一定要认真(地)写。
我每天辛辛苦苦地工作还不都是为了这个家啊?

4 有时人们忙东忙西的

'忙东忙西'은 '이것저것 두서없이 바쁘다'란 뜻을 나타낸다.

昨天刚回来, 忙东忙西的, 也不知道在忙什么。
上周末说好一起去看电影的, 结果忙东忙西的就给忘了。

实话实说

1	你喜欢什么样的音乐?	**A** 古典 (고전)的　　　　**B** 现代的 **C** 爵士乐 (juéshìyuè, 재즈 음악)　**D** 流行的
2	喝醉以后, 第二天清晨发现你睡在一个男人的身边, 你会怎么办?	**A** 马上起来, 穿上衣服逃跑 (도망가다) **B** 扇他耳光 (shān ěrguāng, 그의 빰을 갈기다), 然后问他昨晚发生了什么事 **C** 让那个男人娶 (qǔ, 아내를 얻다)你 **D** 盖 (덮다)上被子 (이불), 仔细回忆 (huíyì, 추억하다)昨晚发生的事情
3	晚上睡着以后, 如果有人给你打电话, 你会怎么办?	**A** 一般不接 **B** 先看电话号码, 然后再决定接不接 **C** 一般都接
4	这个周末, 同时有两个婚礼要你参加, 一个是你上司的儿子, 一个是你的好朋友, 你会怎么办?	**A** 去参加上司儿子的婚礼 **B** 去参加好朋友的婚礼 **C** 先去参加上司儿子的婚礼, 然后再去参加好朋友的婚礼 **D** 先去参加好朋友的婚礼, 然后再去参加上司儿子的婚礼
5	你暗恋 (짝사랑하다)过谁?	**A** 朋友的情人　　**B** 老师　　**C** 其他
6	有人给你介绍了一个对象, 你们见了一次面, 他/她给你的第一印象不是那么好, 你会怎么办?	**A** 不会再跟他/她见面 **B** 虽然给你的印象不太好, 但你会再见他/她几次面, 然后再做决定 **C** 你会跟他/她说最近你比较忙, 等有时间的时候再跟他/她联系 **D** 你会跟介绍人说, 他/她不是你喜欢的类型
7	小时候你去过女(男)澡堂 (zǎotáng, 목욕탕)吗?	**A** 去过　　　　**B** 没去过 **C** 不记得

▪汽车后边禁止追尾的广告—"别吻我!"	追尾 zhuīwěi 추돌하다 吻 wěn 키스하다. 입맞춤하다
▪某戒烟协会广告—"千万别找吸烟的女子做朋友, 除非你愿意去吻一只烟灰缸 (yānhuīgāng, 재떨이)!"	除非 chúfēi …아니고서는
▪某饺子铺广告—"无所不包!"	无所不包 wúsuǒbùbāo 포함되지 않은 것이 없다
▪一家理财中心—"你不理财, 财不理你!。"	理 lǐ 1. 관리하다 2. 상대하다. 거들떠보다 理财 lǐcái 재테크하다
▪某眼镜店广告—"眼睛是心灵的窗户, 为了保护您的心灵, 请为您的窗户安上玻璃。"	心灵 xīnlíng 마음 玻璃 bōli 유리
▪某公共场所禁烟广告—"为了使地毯没有洞, 也为了使您的肺部没有洞, 请不要吸烟。"	地毯 dìtǎn 카펫 洞 dòng 구멍
▪某交通安全广告—"请记住, 上帝并不是十全十美的, 它给汽车准备了备件, 而人没有。"	备件 bèijiàn 예비품 十全十美 shíquánshíměi 완전무결하여 나무랄 데가 없다
▪某印刷公司广告—"除钞票外, 承印一切。"	钞票 chāopiào 지폐 承印 chéngyìn 인쇄를 맡다
▪某法语学习班的招生广告—"如果你听了一节课之后, 发现不喜欢这门课程, 那你可以要求退学费, 但必须用法语说。"	招生 zhāoshēng 학생을 모집하다

练习题

1 用"因为······"完成下列对话

❶ A: 太阳从西边升起来了? 今天你这么早就起床了?

B:

❷ A: 三十好几了, 怎么还不结婚啊?

B:

❸ A: 你不是说要去中国留学吗? 怎么又不去了呢?

B:

❹ A: 你怎么没开车啊?

B:

❺ A: 最近几天你为什么每天下班都这么晚啊?

B:

2 用"只, 只是, 只有, 仅仅, 就, 只要"填空

❶ 十多个人, ( ) 这么几个菜, 够吃吗?

❷ 这件事 ( ) 他一个人知道。

❸ 我 ( ) 想大概了解一下, 用不了多长时间。

❹ ( ) 你细心一点儿, 这些错误是可以避免(bìmiǎn, 모면하다)的。

❺ 我 ( ) 会说英语, 不会说法语。

❻ 这座大桥 ( ) 半年就完工了。

3 用直线连接下列词语

① 得　　头发

② 晒　　奖学金

③ 吹　　资料

④ 搜索　　衣服

⑤ 制定　　情况

⑥ 了解　　旅途

⑦ 踏上　　计划

⑧ 诱人的　　景色

⑨ 逃离　　现实生活

⑩ 周游　　增长

⑪ 经济　　世界

⑫ 享受　　宇宙

⑬ 探访　　亲友

⑭ 探索　　生活

4 用"也许……可……"完成下列对话

① A: 你觉得婚后跟父母住在一起好还是分开住好?

B: 也许跟父母一起住会节省很多开支, 可 _____

_____。

② A: 你怎么不送你的孩子去外国留学呢?

B: 也许去外国留学 _____, 可 _____

_____。

③ A: 两个人一起去旅行比独自一人去旅行有意思多啦!

B: 也许你说得对, 可 _____。

1 解决问题的能力: 能够发现问题、解决问题并迅速做出有效(yǒuxiào, 유효하다)决断(juéduàn, 결단)的人, 在各行各业都非常受欢迎。

2 专业技能: 工程、通讯、汽车、交通、航空航天(항공. 우주 비행)领域(lǐngyù, 영역)需要大量能够进行安装、调试(tiáoshì, 성능 시험테스트)和修理的专业人员。

3 沟通能力: 一个公司的成功与否很多时候取决于(…에 달려 있다)全体职员能否团结协作。

4 计算机编程能力: 如果你能够利用计算机编程(biānchéng, 프로그램을 작성하다)的方法, 满足某个公司的特定需要, 那么你获得工作的机会将大大增加。

5 培训能力: 我们的企业不仅需要人才, 更需要懂得培训(péixùn, 훈련·양성하다)人的人才。

6 科学与数学技能: 科学、医学和工程领域每天都取得伟大的进展, 对拥有科学和数学头脑的人才的需求量(수요량)也将会越来越大。

7 理财(재테크)能力: 随着平均寿命(수명)的延长(연장하다), 每个人都必须自己审核(심사하어 결정하다)自己的投资计划, 以(…하기 위하여)保证舒适的生活以及退休后的生活来源。投资经纪人(중매인)、证券交易员、退休规划者、会计等职业的需求将继续增加。

8 信息管理能力: 在信息时代, 掌握信息管理能力在绝大多数行业都是必须的。

9 外语交际能力: 掌握一门或两门外语将有助于你得到更好的工作机会。

10 商业管理能力: 掌握成功运作一个公司的方法是非常重要的。这方面最核心的技能, 一方面是人员管理、系统管理、资源管理和融资(róngzī, 융자하다)的能力; 另一方面是要了解客户的需要, 并迅速将这些需要转化(zhuǎnhuà, 전화하다)为商机(비즈니스 기회)。

88

保　密

　　一天晚上，一群人在喝酒，一个男人吹牛(chuīniú, 허풍을 떨다)说："我姐姐化装(huàzhuāng, 가장하다)成男人参加了军队。""可是，你姐姐得和男人一起洗脸、刷牙、吃饭、睡觉，还得一起洗澡，不是吗?"一个人问。"那当然了!"那男人回答。"那他们就没发现吗?"另一个人问。吹牛的那个男人回答："当然发现了，不过，谁会说呢?"

第9课　健康的消费意识

郑喜玲: 大家好! 今天我们非常荣幸地邀请到了权威心理学家杨红丹老师。

杨红丹: 大家好! 很高兴能来到这里与大家聊天儿。

郑喜玲: 今天的主题是健康的消费意识。杨老师有什么心得可以和我们
分享吗?

杨红丹: 现在很多年轻人缺乏健康的消费意识, 只会盲目地花钱。比如
说为了减肥去买昂贵的减肥药品, 却不知道新鲜的蔬菜、运动
和规律的生活, 才是最有效的减肥方法。

郑喜玲: 那杨老师最近有什么重要的消费计划吗?

杨红丹: 很早以前, 我就听说法国是艺术的天堂, 我对他们的文化和生活
方式都很感兴趣, 所以打算明年到法国去旅行。

郑喜玲: 那您能不能给大家谈一谈你的旅行计划?

杨红丹: 可以, 首先要考虑自己是不是有足够的财力, 因为去国外旅行要
花费很多钱, 所以事先要做好预算。其次要详细制定你的旅行

计划。2

郑喜玲: 对, 现在有很多人不考虑自己的经济状况, 盲目地消费。

杨红丹: 为了充分体验旅行的乐趣, 最近我正在努力学习法语, 这样还可以节省很多钱。

郑喜玲: 您的这种认真积极的生活方式, 真让人佩服。

杨红丹: 我觉得我们应该养成节约的好习惯, 不应该浪费, 更不应该超前消费。哦, 对了, 现在不是有很多人, 因为信用卡透支问题而苦恼吗?

郑喜玲: 是啊, 信用卡给我们的生活带来方便的同时, 也造成了过度的消费。3

杨红丹: 这绝对不是健康的消费意识。为什么要给自己增加不必要的负担呢? 除非是必需品, 否则就不应该购买。4

郑喜玲: 在生活中, 怎样才能节省开支呢?

杨红丹: 买东西的时候, 尽量不要去大超市买, 去大超市经常会买些不必要的东西。另外, 要养成记账的好习惯。

郑喜玲: 非常感谢杨老师, 今天的这一课真是让我们受益匪浅。听众朋友们, 我们下期节目再见。

分组讨论下面的问题:

1 你是一个花钱大手大脚(돈을 물 쓰듯 쓰다)的人还是精打细算(면밀하게 계산하다)的 人?

2 你有记账的习惯吗? 从什么时候开始的?

3 有些人认为赚钱就是为了花钱, 而有些人却认为, 赚钱是为了获得保障(보장), 应该把钱存起来, 你同意哪种观点?

4 有些人一生气就去百货商店疯狂(미치다)地购物, 你有这样的习惯吗?

5 你有没有盲目消费的时候?

生词

邀请 yāoqǐng · 통 초청하다. 초대하다

权威 quánwēi · 명 권위

心得 xīndé · 명 심득(체험하거나 깨달은 바의 지식·기술·사상 따위를 말함)

分享 fēnxiǎng · 통 (행복·기쁨 따위를) 함께 나누다

缺乏 quēfá · 통 결핍되다. 모자라다(대개 셀 수 없는 추상적인 것에 사용됨)

消费 xiāofèi · 명통 소비(하다)

意识 yìsi · 명 의식

盲目 mángmù · 명 맹목적(인)

比如说 bǐrúshuō 예를 들다

规律 guīlù · 명 법칙. 규칙. 규율

有效 yǒuxiào · 형 유효하다. 효력이 있다

天堂 tiāntáng · 명 천당. 극락

财力 cáilì · 명 재력

预算 yùsuàn · 명통 사전 계산(하다). 예산

其次 qícì · 명 다음. 그 다음

节省 jiéshěng · 통 (돈·지출 등을) 아끼다. 절약하다

佩服 pèifu · 통 탄복하다. 감탄하다

节约 jiéyuē · 통 절약하다(주로 비교적 큰 범위에 사용됨)

超前 chāoqián · 통 (현재 수준을) 앞서다. (시대를) 앞서가다

透支 tòuzhī · 명통 가불(하다)

苦恼 kǔnǎo · 통 고뇌하다. 고민하다

造成 zàochéng · 통 (좋지 않은 사태 따위를) 야기하다. 초래하다

过度 guòdù · 형 (정도를) 지나치다

否则 fǒuzé · 접 만약 그렇지 않으면

尽量 jǐnliàng · 부 가능한 한. 되도록

养成 yǎngchéng · 통 양성하다. 키우다

记账 jìzhàng · 통 기장하다

受益匪浅 shòuyìfěiqiǎn 적잖이 유익하다

下期 xiàqī · 명 다음 번. 차기

语法解释

1 比如说为了减肥去买昂贵的减肥药品

'比如说'은 '예를 들다'란 뜻으로 어떤 일을 예를 들 때나 같은 종류의 일을 열거할 때 모두 사용할 수 있다.

你能不能说详细点儿, 比如说她喜欢吃什么, 喜欢做什么等等。
我很喜欢运动, 比如说网球、乒乓球、游泳, 我都喜欢。

2 其次要详细制定你的旅行计划

'其次'은 '그 다음'이란 뜻으로 열거할 때 사용한다. 일반적으로 '首先⋯⋯ , 其次⋯⋯ , 最后⋯⋯'식으로 순서를 나열하기도 한다.

首先要注意安全, 其次要遵守时间, 最后希望大家玩儿得愉快。
首先要学好会话, 其次是听力、阅读和写作。

3 信用卡给我们的生活带来方便的同时, 也造成了过度的消费

'同时'은 '(在)⋯⋯的同时'의 형식으로 많이 쓰인다.

我们在加快工程进度的同时, 必须注意工程质量。
在保证质量的同时, 还要保证按时完成任务。

4 否则就不应该购买

'否则'은 '만약 그렇지 않으면'이란 뜻으로 대개 원하지 않는 상황을 예를 들 때 사용하는 경우가 많다.

快走, 否则要迟到了。
现在马上就得去, 否则会误事(일을 그르치다)。

谈谈你每个月的支出情况

序号	支出项目	一个月花多少钱?	备 注
1	吃饭		
2	孩子的教育费		
3	买衣服		
4	买生活用品		
5	水费、电费和煤气费		
6	电话费和宽带费(인터넷 요금)		
7	保险费		
8	房租		
9	储蓄(chǔxù，저축)		
10	买基金(펀드)		
11	在外边吃饭		
12	喝酒,抽烟		
13	运动		
14	旅游		
15	随礼钱(부조돈)		

你的选择

在人的一生中, 都会遇到各种各样的烦恼和抉择, 请你仔细阅读下面的每一个问题, 然后根据你的实际情况, 在a.b.c.d.四个答案中, 选择其中的一个。

1. 你丈夫不抽烟、不喝酒, 性格也非常好。他没有什么特别的爱好, 只是喜欢赌博(dǔbó, 도박), 每年用在赌博上的钱大概占他收入的80%, 因此欠了银行很多钱, 那么你会……

   a. 跟他离婚
   b. 劝他戒赌(도박을 끊다)
   c. 没收(mòshōu, 몰수하다)他的信用卡和存折
   d. 跟他一起培养一个新的爱好

2. 你的孩子脑子很聪明, 学习也很好, 但自从上了高中以后交了几个坏朋友, 根本不学习, 他还说不想上大学, 想快点儿上班挣钱, 那么你会……

   a. 强迫(qiǎngpò, 강제로 시키다)他学习
   b. 学习是不能强迫的, 他不想念书你也没办法
   c. 不让他跟那些坏孩子一起玩儿
   d. 把他送到外国去留学

3. 你家的邻居突然着火(zháohuǒ, 불나다)了, 这时你会……

   a. 去救火(jiùhuǒ, 불을 끄다)
   b. 马上给119打电话
   c. 回到自己家里, 把家里的贵重物品转移到安全的地方
   d. 吓得你手忙脚乱(허둥지둥하다)

4. 小时候, 你因为什么事被你父母骂得最厉害?

   a. 说谎   b. 顶嘴(dǐngzuǐ, 말대꾸하다)
   c. 看黄片(에로 비디오)
   d. 不努力学习

5. 你觉得男女结婚的时候差几岁最好?

   a. 男的比女的大2岁
   b. 男的比女的大4岁
   c. 女的比男的大
   d. 差不多

6. 心情不好的时候, 你一般做什么?

   a. 找朋友喝酒或者聊天儿
   b. 睡觉
   c. 去百货商店买东西
   d. 去外面运动

1 用"我觉得我们应该……"完成下列对话

例句： **A:** 那你说怎么办才好？

B: 我觉得我们应该调查一下市场。

① A: 我们是否应该跟科长商量一下？
   B:

② A: 那我们什么时候出发？
   B:

③ A: 我们队跟他们队比，实力差太多了，踢不踢结果都一样，干脆弃权(qìquán, 기권하다)算了。
   B:

2 用直线连接下列词语

①	迷上	人	⑧	节省	用电
②	推销	病	⑨	节约	开支
③	骗	经验	⑩	超前	灾难
④	治	用	⑪	过度	消费
⑤	缺乏	商品	⑫	成长	计划
⑥	不够	传销	⑬	造成	浪费
⑦	盲目	花钱	⑭	制定	阶段

3 选择适当词语

① 今天我们非常荣幸地 (邀请 / 招聘) 到了著名电影演员成龙。

② 刚毕业的大学生 (不够 / 缺乏) 经验, 恐怕胜任(능히 감당하다)不了。

③ 这办法确实很 (有效 / 有用)。

④ 做完以后, 应该再 (仔细 / 详细) 检查一下。

⑤ 我们一定要养成 (节约 / 节省) 用电的好习惯。

⑥ 我们不应该浪费, 更不应该 (超前 / 提前) 消费。

⑦ 这起事故据说是由于疏忽 (变成 / 造成) 的。

⑧ 希望你好好 (觉得 / 考虑) 一下, 明天给我答复。

4 用 "否则……" 完成下列对话

① A: 等等我啊!

　B: 快走, 否则 _____ 。

② A: 我们昨晚去迪吧(나이트클럽)的事儿, 你爱人不知道吧?

　B: 幸好她不知道, 否则 _____ 。

③ A: 我们什么时候去比较好?

　B: 最好下午去, 否则 _____ 。

性格决定成败

夏晴：我总觉得我不太适合现在这个职位。

雯雯：怎么？总经理一职压力太大了？

夏晴：可以这么说吧，我总觉得我的性格不适合领导者这个角色。

雯雯：你已经很出色了。自从你来到这个公司，业绩一直不断上升，现在又晋升为总经理，₁ 你这个职位别人羡慕还来不及呢！₂

夏晴：可我觉得我的长项是执行、辅助。

雯雯：哪有天生就是领导者的？那些很有领导能力的人也都是练出来的，₃ 希望你在人生的紧要关头，不要轻易放弃。

夏晴：我觉得一般领导者的性格都是非常开朗的，很会说话办事，善于交际，而且创新意识层出不穷。出色的领导者不仅自己做得好，还懂得怎么团结员工，可这些我都做不来。₄

雯雯：一个人的性格固然很重要，但不能因为你有点内向，就否认你的能力，我觉得你应该慢慢适应这个角色，并且试着努力提高自己的能力。

夏晴: 可是自从我当上领导以后，我很难面对周围人对我的过高要求和家庭生活方式的改变。

雯雯: 你看看，你总是还没做什么就先开始否定自己、怀疑自己。如果连你自己都不信任自己的话，还能指望你的员工信任你吗？

夏晴: 所以说，我不适合当领导。真正的领导者，在坐上我这个席位时，都会感到非常兴奋。而我呢，却在为天上掉下来的馅儿饼而发愁。

雯雯: 难道你就甘愿任人摆布吗？

夏晴: 哎，那我回去再好好想想。

雯雯: 还想什么啊，赶紧给我打消你的这个傻念头！

夏晴: 那好，我就再听你一次！

雯雯: 哈哈，这就对了，我的女强人！

分组讨论下面的问题：

1 大学毕业到现在，你的性格变没变？你觉得性格可以改变吗？

2 你觉得你的性格适合现在的工作吗？如果不适合，那么你觉得你适合做什么样的工作？

3 说出几种你欣赏但是在你身上所没有的性格。

4 你觉得成功者应具备哪些素质？

生词

회화

□ 角色 juésè · 명 역할. 배역

□ 出色 chūsè · 형 특별히 훌륭하다

□ 自从 zìcóng · 전 …이래. …부터

□ 业绩 yèjì · 명 업적, 실적

□ 不断 búduàn · 부 끊임없이. 부단히

□ 晋升 jìnshēng · 동 승진하다. 승진시키다

□ 长项 chángxiàng · 명 자신 있는 종목

□ 执行 zhíxíng · 동 집행하다. 실행하다

□ 辅助 fǔzhù · 동 거들어 주다. 보조하다

□ 员工 yuángōng · 명 종업원

□ 天生 tiānshēng · 형 천성적이다

□ 紧要 jǐnyào · 형 긴요하다. 중대하다

□ 关头 guāntóu · 명 전환점. 고비

□ 轻易 qīngyì · 부 함부로. 쉽사리

□ 创新 chuàngxīn · 동 옛 것을 버리고 새 것을 창조하다

□ 层出不穷 céngchūbùqióng · 성 차례 차례로 나타나서 끝이 없다

□ 团结 tuánjié · 동 단결시키다. 단결하다

□ 做不来 zuòbulái (어려워서) 할 수 없다. (괴 롭거나 싫어서) 할 수 없다

□ 固然 gùrán · 접 물론 …지만

□ 否认 fǒurèn · 동 부인하다. 부정하다

□ 指望 zhǐwàng · 동 (한마음으로) 기대하다

□ 席位 xíwèi · 명 좌석. 자리. 위치

□ 馅儿饼 xiànrbǐng · 명 고기나 야채의 소를 넣어 굽거나 튀긴 둥글넓적한 떡

□ 甘愿 gānyuàn · 동 진심으로 원하다

□ 任人摆布 rènrénbǎibù · 성 남의 마음 대 로 좌지우지되다

□ 打消 dǎxiāo · 동 포기하다. 단념하다

□ 傻念头 shǎniàntóu 어리석은 생각

□ 女强人 nǚqiángrén · 명 슈퍼 우먼

语法解释

1 现在又晋升为总经理

‘晋升为’은 ‘……로 승진하다’란 뜻이고, ‘确诊为’은 ‘……로 진단되다’란 뜻이고, ‘选为’은 ‘……로 선정되다’란 뜻을 나타낸다. 이때 ‘为’는 반드시 동사 뒤에 위치해야 한다.

他被选为班长以后更忙了。
听说他晋升为总经理了。

2 你这个职位别人羡慕还来不及呢

‘…还来不及呢’는 ‘羡慕, 喜欢, 高兴, 欢迎’등 긍정적 의미를 나타내는 동사 뒤에 와서 ‘아주……하다’란 뜻을 나타낸다.

我喜欢还来不及呢, 怎么会惹她生气呢?
怎么会呢? 我们欢迎还来不及呢。

3 那些很有领导能力的人也都是练出来的

‘练出来’은 ‘연습을 많이 하다 보니 이젠 잘 할 수 있다’란 뜻이고, ‘逼出来’은 ‘궁지에 처해 계속 하다 보니 이젠 잘 할 수 있다’란 뜻을 나타낸다. 이와 같이 ‘出来’는 동사 뒤에 쓰여 어떤 일에 몰두하여 오래하다 보니 아주 잘하게 되었다는 뜻을 나타낼 수 있다.

他的这身肌肉都是练出来的。
原来我也不会, 都是被逼出来的。

4 可这些我都做不来

‘做不来’은 ‘어렵거나 괴롭거나, 아니면 싫어서 할 수 없다’란 뜻을 나타낸다. 이와 같이 ‘동사+不来’은 ‘능력과 상관 없는 이유 때문에……을 할 수 없다’란 뜻을 나타낸다.

泡菜我还吃不来。
让我到市场去卖东西, 我可做不来。

1	在下列坏习惯中, 你最讨厌的是哪种? 在你的周围有没有这样的人?	A 在公共场合放屁(fàngpì, 방귀를 뀌다)的人 B 开车的时候骂人(màrén, 남을 욕하다)的人 C 说话的时候有口臭(kǒuchòu, 구취)的人 D 约会的时候总是迟到的人
2	为了提高你的外语水平, 你每天上班以前去外语补习班学习, 可是你觉得你的外语老师讲课讲得不好, 那么你会怎么办?	A 换班 B 要求换老师 C 去别的补习班 D 不去上课
3	每天回到家里, 你做的第一件事情是什么?	A 洗澡 B 坐在沙发上看电视 C 换衣服, 然后开始打扫房间、做饭 D 其他
4	你的手机背景图(bèijǐngtú, 배경화면)一号是谁?	A 父母　　　　　　B 爱人 C 孩子　　　　　　D 我自己
5	你和朋友们一起去郊游, 中午坐在树下吃盒饭(héfàn, 도시락 밥)的时候, 突然有一只虫子(chóngzi, 벌레)从树上掉了下来, 那么你会怎么办?	A 踩(cǎi, 밟다)死它 B 把它赶走 C 不理(lǐ, 상관하다)它 D 觉得很好玩儿
6	你的居住条件允许你养宠物(chǒngwù, 애완동물)的话, 你会养什么宠物?	A 小狗　　　　　　B 猫 C 鱼　　　　　　　D 其他
7	你最羡慕什么样的人? 为什么?	A 身材好的人 B 皮肤好的人 C 个子高的人 D 多才多艺的人
8	你有几个存折(cúnzhé, 예금통장)? 每个存折密码都一样吗?	A 1~2个　　　　　B 3~4个 C 5~6个　　　　　D 6个以上

请帮帮我

我另有新欢(새 애인)了，怎么办?

请谈谈你的看法

我跟我的男朋友是中学同学，交往了7年，虽然两个人性格、爱好完全不一样，但一直都处(다른 사람과 함께 지내다)得挺好的，我们说好了明年结婚。但是这时我遇见了一个真正我喜欢的人，我跟他是同事。他比我大4岁，平时非常关心和体贴(tǐtiē, 자상하게 돌보다)我，而且我们俩性格和爱好也比较相近(비슷하다)，因此(yīncǐ, 그래서)在一起的时候有说不完的话，为了他我可以牺牲(xīshēng, 희생하다)一切。

我领养的孩子

请谈谈你的看法

我和我爱人一直没有孩子，所以我们领养(입양하다)了一个孩子，这个孩子不仅聪明，而且又非常可爱。有一次，孩子有病住院检查血型(혈액형)时，问我是什么血型，我非常心慌(당황하다)，就说忘了。我的孩子无论是长相还是性格，没有一个地方像我，他常常开玩笑说"妈妈，我是不是领养的?"他现在已经28岁了，我应不应该告诉他实话?

我的书呆子弟弟

请谈谈你的看法

我父亲是一个公司的老板，所以我毕业以后就到我父亲的公司去工作了，现在父亲老了，要退休了，我当上了公司的老板。我有一个书呆子(책벌레)的弟弟，大学毕业以后就开始准备律师考试，已经考了十年了，但都没考上。有一天，弟弟突然对我说，他要做生意，跟我借五亿元钱，你说我该怎么办?

1 用"我总觉得……"完成下列对话

例句： **A:** 你的英语不是很好嘛，为什么还要去美国留学啊？

B: 我总觉得我的英语还不够好，所以想到美国留学两年。

1 A: 你为什么这么不安啊?

B:

2 A: 你放心吧,这次你肯定能考上。

B:

3 A: 我很了解他,他不会那么没良心的。

B:

2 用直线连接下列词语

1	解除	任务	**9**	条件	自己
2	晋升为	关头	**10**	否定	具备
3	执行	压力	**11**	打消	放弃
4	耽误	创新	**12**	甘愿	顾虑
5	转折	科长	**13**	适合	人才
6	敢于	你	**14**	善于	受罚
7	提高	辉煌	**15**	出色的	当领导
8	业绩	产品质量	**16**	轻易	交际

3 选择适当词语

① 我觉得我不太 (合适 / 适合) 穿这种式样的衣服。

② 最近物价 (上涨 / 上升) 了很多, 可工资却还是跟以前一样。

③ 她 (天生 / 天赋) 一副金嗓子, 从小就喜欢唱歌。

④ 你不要 (轻易 / 容易) 发表你的意见, 深思熟虑(shēnsīshúlǜ, 심사숙고하다)
之后再做决定也不迟。

⑤ 请你不要 (否认 / 否定) 事实。

⑥ (具备 / 有) 下列条件的人, 可以报名参加这次青少年足球比赛。

⑦ 难道你就 (甘愿 / 希望) 在别人手下打一辈子工吗?

⑧ 这个剧本写得非常 (出色 / 美丽)。

4 用 "……固然……, 但……" 完成句子

① 钱固然很重要, 但 _____。

② _____ 固然很重要, 但也不能为了 _____ 牺牲你的
一切啊!

③ 他能来固然很好, 但不来 _____。

④ 这么做固然很好, 但 _____。

⑤ _____ 固然好, 但考不上也不用灰心(낙심하다)。

⑥ 不吃饭或者少吃饭固然可以减点儿肥, 但 _____。

属相与性格

鼠	牛	虎
性格: 多才多艺, 比较自负 (zìfù, 자부하다)	性格: 有耐性, 对人忠诚 (충성하다), 缺少风趣和浪漫	性格: 遇事大度 (너그럽다), 但有时比较顽固 (wángù, 고집스럽다)
爱情: 待人 (dàirén, 사람을 대접하다) 温和, 富有 (fùyǒu, 강하다) 同情心	爱情: 典型 (diǎnxíng, 전형적이다) 的现实主义者	爱情: 喜欢用行动表达爱意
运气: 好赌, 但不着迷 (zháomí, 빠지다, 미치다)	运气: 很会节约, 晚年财运亨通 (hēngtōng, 형통하다)	运气: 运气不错, 但也会遇到挫折 (cuòzhé, 좌절)
职业: 学者、作家、艺人、医生	职业: 律师、作家、社会工作者	职业: 国家干部、公司高级主管

兔	龙	蛇
性格: 气质高雅 (gāoyǎ, 고상하다)、处事谨慎 (jǐnshèn, 신중하다), 很少与人争吵	性格: 好冒险、有远大的理想, 聪明过人 (뛰어나다), 是典型的完美主义者	性格: 聪明能干, 性格随和 (suíhe, 부드럽다) 温柔, 有吸引人的独特魅力
爱情: 注重浪漫的爱情	爱情: 谈恋爱的时候, 比较积极、主动、而且很讨人喜欢	爱情: 一旦喜欢对方, 就会产生强烈的占有欲 (소유욕) 和嫉妒心
运气: 一生运气良好, 懂得储蓄 (chǔxù, 저축)	运气: 12生肖 (shēngxiào, 사람의 띠) 中成功与幸运的象征	运气: 比较好
职业: 时装设计、文学家、绘画	职业: 任何职业都可以, 独立经营事业更佳	职业: 演艺界、特种经营者

马	羊	猴
性格: 自由奔放(bēnfàng, 분방하다), 独立性强	性格: 创造力极强, 性格外柔内刚(외유내강)	性格: 心直口快(마음이 곧고 입바르다), 喜欢交际
爱情: 因好自由, 婚姻易(쉽게)陷入危机	爱情: 温柔多情、依赖性(yīlàixìng, 의존성)强	爱情: 虽然平时有点儿花心(바람기가 있다), 但如果真正爱上一个人的话, 就会变成爱情专一者
运气: 早年运气就不错, 晚年运气更佳(jiā, 좋다)	运气: 年轻时如果有人相助, 可成大业, 晚年运气不错	运气: 喜欢以自我为中心。运气加(더하다)恒心(héngxin, 항심), 必能成功
职业: 作家、艺术工作者、企业家	职业: 画家、公务员、美容师	职业: 演艺界、独立经营事业

鸡	狗	猪
性格: 喜爱打扮, 对自己要求非常严格, 但有时太独断(dúduàn, 독단하다)	性格: 心地善良, 有才智。对自己尊敬或喜欢的人, 不惜(아끼지 않다)一切	性格: 重感情、人缘(rényuán, 남과의 관계)也好, 做事又非常认真
爱情: 眼光太高, 一旦不满意对方, 就立刻断绝关系	爱情: 一旦付出(fùchū, 바치다)真情, 就会全心全力(전심전력)善待(잘 대접하다)对方	爱情: 内心深处感情丰富不轻易把爱情显现(드러나다)在外
运气: 一生比较顺利, 物质生活富裕(fùyù, 부유하다), 事业有成, 但因开销(kāixiāo, 지출)大, 积蓄(저금)不多	运气: 一生运气都很好	运气: 12生肖中, 财运最佳。年轻时就能出人头地(남보다 뛰어나다)
职业: 服装设计师、影剧工作者、秘书	职业: 教师、医师、护士、美容师	职业: 政治界、文化界、交通、运输业

第11课 在死亡面前

刘记者: 许老伯, 您好! 我是《人民日报》的记者, 叫刘海。

许老伯: 噢, 你好! 请坐!

刘记者: 老伯, 您现在过得怎么样?

许老伯: 挺好的, 我周围的人都非常关心和体贴我, 所以我每天都过得很愉快、很充实。

刘记者: 那就好, 可是, 老伯, 您那个年代的人都挺保守的, 您怎么会想到无偿捐赠器官呢?

许老伯: 当时的确下了很大决心。

刘记者: 究竟是什么让您有了那么大的改变呢?

许老伯: 你看我这一生, 前半辈子为了孩子操劳, 现在孩子们都有工作了, 生活也稳定了, 他们把我接到了城里, 我也渐渐适应了城里的生活。现在我年纪大了, 该考虑自己的后事了, 可城里人死后

都会火葬，一开始我真的接受不了，₂一个劲儿地吵着要回乡下，₃孩子们好说歹说，我才答应暂时呆在城里。₄

刘记者: 那后来呢?

许老伯: 前段时间感觉身体有点儿不舒服，开始以为就是以前的老毛病，也没跟孩子们说，最后晕倒在客厅，孩子们急忙把我送到了医院，检查结果被确诊为肝癌晚期。

刘记者: 那当时您有什么反应呢?

许老伯: 感觉天好像要塌下来了，虽然死迟早要来，但那一天真的来了，还真有点儿接受不了。孩子们也没瞒我，这倒让我感到挺欣慰的。在我住院的时候，孩子们也都细心地照顾我，慢慢地，我发现，其实死也没那么可怕。之后常想死前能不能再为社会做点儿贡献，考虑再三，我把我的想法跟孩子们讲了。

刘记者: 那您的孩子们有什么反应呢?

许老伯: 没想到他们都非常支持我。想着自己虽然死了，但可以让更多的人更好地活着，也就觉得人生突然有意义多了。

刘记者: 老伯，希望您在以后的日子里，开开心心地生活，也谢谢您接受我们的采访，时间不早了，我就不打扰您休息了，改天我会再来看望您的，再见!

许老伯: 再见!

分组讨论下面的问题:

1 你献(xiàn, 헌납하다)过血吗? 你献血的动机是什么? 在韩国献血能得到哪些实惠(shíhuì, 실익)?

2 如果你死了，你会捐赠你的器官吗?

3 你捐过钱吗? 最多捐过多少? 是在哪一年?

4 如果在地铁里，你看到乞丐，你会不会给他钱?

生词

회화

老伯 lǎobó · 명 어르신

体贴 tǐtiē · 동 살뜰히 보살피다

保守 bǎoshǒu · 형 보수적이다

无偿 wúcháng · 형 무상의

捐赠 juānzèng · 동 기증하다. 기부하다

器官 qìguān · 명 (생물의) 기관. 장기

的确 díquè · 부 확실히. 분명히. 정말

前半辈子 qiánbànbèizi · 명 인생의 전반부

操劳 cāoláo · 동 열심히 일하다. 노고하다

稳定 wěndìng · 형동 안정되다

渐渐 jiànjiàn · 부 점점. 점차

后事 hòushì · 명 사후(死後)의 일

火葬 huǒzàng · 명동 화장(하다)

一个劲儿 yígejìnr 끊임없이. 시종일관

好说歹说 hǎoshuōdǎishuō · 성 각종 이유나 방법을 써서 반복해서 요구하거나 권고하는 말을 하다

确诊 quèzhěn · 동 (최종적으로 …라고) 진단하다. 확정 진단하다

肝癌 gān'ái · 명 간암

晚期 wǎnqī · 명 말기(末期). 만기

塌 tā · 동 무너지다. 내려앉다. 붕괴하다

迟早 chízǎo · 부 조만간 . 언젠가는

瞒 mán · 동 감추다. 속이다

欣慰 xīnwèi · 형 기쁘고 위안이 되다

贡献 gòngxiàn · 명동 기여(하다)

再三 zàisān · 부 재삼. 여러 번

开心 kāixīn · 형 유쾌하다. 즐겁다

接受 jiēshòu · 동 받아들이다. 수락하다

采访 cǎifǎng · 동 취재하다. 인터뷰하다

语法解释

1 他们把我接到了城里

여기서 '接'는 '부모님을 도시로 모셔와 함께 살다'란 뜻이다.

我想把父母接过来。
听说哥哥要把父母接到城里。

2 一开始我真的接受不了

'一开始'은 '처음부터. 시작부터'란 뜻으로 소설·영화·드라마 같은 문학작품이나 어떤 일의 시작부분을 언급할 때 쓴다.

这事从一开始就错了。
这部小说一开始就抓住了读者的心。

3 一个劲儿地吵着要回乡下

'一个劲儿'은 '끊임없이. 줄곧'이란 뜻으로 뒤에 '地'가 붙어(생략할 수도 있음) 동사를 수식하며, 대개 바라지 않는 일을 계속하여 하는 경우에 많이 쓰인다.

小孩子一个劲儿地哭。
他一个劲儿地问我, 没办法我只好说实话了。

4 孩子们好说歹说, 我才答应暂时呆在城里

'好说歹说'은 '이렇게도 말해 보고 저렇게도 말해 보아, 사람을 아주 힘들게 설득하다' 란 뜻을 나타낸다.

我好说歹说才把他叫出来。
我好说歹说, 他们才答应让我搬进去住。

你的选择

在人的一生中，都会遇到各种各样的意外事故，请你仔细阅读下面的每一个问题，然后根据你的实际情况，在a, b, c, d 四个答案中，选择其中的一个。

1. 早上你开车上班的时候，突然发生了地震(dìzhèn, 지진)，这时你会……
   a. 继续开车，把车开到安全的地方
   b. 马上打电话给你的爱人和孩子
   c. 马上回家，确认家人的安全
   d. 马上下车，然后找一个安全的地方躲(duǒ, 숨다)起来

2. 你第一次去女朋友家做客，她妈妈给你做了生鱼片，但你一吃生鱼片就会过敏(guòmǐn, 알레르기)，那么你会……
   a. 跟她妈妈说你不能吃生鱼片
   b. 假装(……인 척하다)喜欢吃
   c. 尽量少吃一点儿
   d. 假装肚子疼，然后去洗手间

3. 你被狗咬(yǎo, 물다)了一口，这时你会……
   a. 追赶(zhuīgǎn, 뒤쫓다)那只狗，然后杀死它
   b. 找到那只狗的主人，然后说明情况，让狗的主人好好看管(kānguǎn, 관리하다)他的狗
   c. 马上去医院
   d. 马上用水清洗(qīngxǐ, 씻다)伤口

4. 为了开公司，你跟朋友借了一大笔钱，可是你却破产(파산하다)了，这时你会……
   a. 跟朋友说明情况，然后求得他的谅解(liàngjiě, 이해하여 주다)
   b. 逃跑(táopǎo, 도망치다)
   c. 跟朋友断绝(duànjué, 끊다)联系
   d. 欺骗(qīpiàn, 속이다)朋友，说马上还他钱

5. 你爸爸每次做生意都挣不到钱，而且还欠债(qiànzhài, 빚지다)，每当这时他都会跟你这个大老板要钱，而且一要就是七、八千万，那么你会……
   a. 跟你爸爸说，你没有那么多钱
   b. 每次你都不想给，但最终你还是会给他
   c. 跟你爸爸说这是最后一次
   d. 不接他的电话，也不去见他

6. 如果你只能活3个月的话，你最想做的事情是什么？
   a. 周游世界
   b. 把自己的全部财产都捐献(juānxiàn, 기부하다)给慈善机构
   c. 找个安静的地方，坦然(tǎnrán, 마음이 편안한 모양)地等待死亡的到来
   d. 其他

常用歇后语

瞎猫碰死耗子(hàozi, 쥐), 碰上的

눈먼 고양이가 죽은 쥐와 부딪치다; 소경이 문고리를 잡다. 실력이 아닌 우연성에 의해 어떤 일이 순조롭게 잘 풀리는 것을 가리킴. 뜻밖에 좋은 일이 생기다

三个臭皮匠, 顶个诸葛亮

신기료 장수 셋이면 제갈량보다 낫다; 보잘것없는 사람도 세 사람만 모이면 제갈량의 지혜가 나온다

哑巴吃黄连, 有苦说不出

벙어리 냉가슴 앓듯, 괴로워도 말을 못하다

猪八戒照镜子, 里外不是人

저팔계가 거울을 보다; 아무리 보아도 사람처럼 생기지 않다. (욕을 먹거나 난처하게 되어) 꼴이 말이 아니다

鸡蛋里挑骨头, 故意找茬儿(zhǎo chár, 트집을 잡다)

달걀 속에서 뼈를 찾다; 억지로(고의로) 남의 흠을 들추어내다

1 用"当时……"完成下列对话

例句：**A:** 刚得知自己得了癌症的时候，你有什么感觉？
　　　B: 当时我感觉天好像塌下来了。

① A: 在奥运会上拿到金牌的时候, 你有什么感觉?
　　B:

② A: 当你看到大火烧到2楼的时候, 你首先想到了什么?
　　B:

③ A: 当你女朋友提出要跟你分手的时候, 你有什么感觉?
　　B:

2 用"渐渐(地), 慢慢(地), 一个劲儿(地), 细心(地), 更好地, 认真(地)"填空

① 别 (　　　　　) 傻干, 要讲究方法。

② 在我住院的时候, 她一直陪在我身边, (　　　　　) 照顾我。

③ 我劝你还是再 (　　　　　) 考虑一下, 婚姻大事是一辈子的事儿。

④ 为了 (　　　　　) 为大家服务, 从今天起提前一个小时开门。

⑤ 等你长大以后, 你会 (　　　　　) 理解的。

⑥ 天 (　　　　　) 暗了下来, 而且又下起了雨, 眼前漆黑(qīhēi, 칠흑 같다)一片, 什么也看不清楚。

3 选择适当词语

① 我明白你的意思, 但也请你 (体贴 / 体谅) 一下我的难处。

② 虽然他工作还不算很 (稳定 / 安定), 但其他的条件还是不错的。

③ 你刚去没多长时间, 得先 (适应 / 适合) 一下环境, 至于找工作不要太着急。

④ 如果他不 (答应 / 许可) 我们提出的条件, 那怎么办?

⑤ 张老师看上去有点儿 (可怕 / 怕), 但实际上是一个非常热心的人。

⑥ 四川地震时, 他不仅 (捐赠 / 捐) 了很多款, 而且还亲自奔赴(bēnfù, 달려가다)现场做自愿者(자원봉사자)。

⑦ 我们要 (接受 / 受到) 失败的教训。

4 用 "该……了" 完成下列对话

① A: 再坐一会儿, 吃完饭以后再走吧。

B: 不了, 该＿＿＿＿＿＿＿＿＿了, 家里还有孩子在等我呢。

② A: 今天上午得把样品送到工厂去, 谁去啊?

B: 上次我去过了, 这次该＿＿＿＿＿＿＿＿＿了。

③ A: 都等了半个多小时了, 他怎么还不来啊?

B: 该＿＿＿＿＿＿＿＿＿了, 怎么回事儿? 我再打打电话试试。

　　爱情让人悲哀(bēi' āi, 슬퍼하다)的地方, 是无论你曾经多么爱一个人, 总有一天, 你会嫌弃(xiánqì, 싫어하다)他。

　　你曾经仰慕(yǎngmù, 경모하다)他的才华、欣赏他的执著(zhízhuó, 끝까지 추구하다), 多年以后, 你却嫌他固执(gùzhí, 고집스럽다)、没出息。

　　你曾经欣赏他重情义, 喜欢他细心, 后来却嫌他唠叨。

　　你曾经为他每天说一句"我爱你"而感动, 然后你竟然嫌他对你说这句话。

　　你曾经欣赏他热爱家庭, 有一天, 却嫌他太多时间留在家里, 霸占(bàzhàn, 점거하다)你的空间。

　　你曾经毫不(háobù, 털끝만큼도 …하지 않다)介意(개의하다)他的外表, 有一天, 却嫌弃他的外表, 觉得他真的配不上(어울리지 않다)你。

　　你曾经怀念(huáiniàn, 그리워하다)他在床上带给你的欢愉(huānyú, 유쾌하고 즐겁다), 然而, 从某一天开始, 你却嫌弃他碰(pèng, 건드리다)你。 男人嫌弃那个跟他一起生活多年的女人, 是无意(고의가 아니다)。 女人嫌弃男人, 是醒悟(xǐngwù, 각성하다)。

翻译:

_____

_____

_____

_____

_____

编故事

用所给词语，两人一组编一个故事

制服 (제복, 유니폼)

玩儿游戏 (오락을 하다)

理发 (이발하다)

借钱 (돈을 빌리다)

技术 (기술)

电脑 (컴퓨터)

改善 (개선하다)

开会 (회의를 하다)

学校 (학교)

养宠物 (애완동물을 키우다)

第12课 要学会急流勇退

王笑凌：我打算辞掉现在的工作，去美国留学。

徐文义：你现在的工作环境这么好，待遇也不错，为什么要辞职啊？

王笑凌：我厌倦了千篇一律的生活，我觉得继续工作下去也没什么发展前途。

徐文义：留学多辛苦啊！不仅要负担高昂的学费和生活费，还要努力适应国外的生活方式。

王笑凌：通过这几年的打拼，我已经攒下了一笔留学费用。我很向往国外的生活！我想体验一下他们的文化。

徐文义：原来你早有打算啊！

王笑凌：1972年，年仅48岁的金庸正值写作的"青春"，但他却突然宣布封笔，当时有很多人不理解他，可他的小说却更加走红。这给了我很大的触动。我想, 有时候一味地前进, 也许会迷失方向。[1]

徐文义: 我觉得金庸在写武侠小说方面是天才, 没有人能超过他, 他不写武侠小说太可惜了!

王笑凌: 金庸写了十多年武侠小说之后, 感到自己的小说, 人物和情节的重复现象越来越严重, 因此选择了急流勇退。

徐文义: 他这种急流勇退的做法, 一般人是很难做得到的。

王笑凌: 对啊。我觉得对一个人来说, 名利双收固然很好, 但如果让这种名利的思想不停地膨胀, 就未必是件好事。

徐文义: 看来功成名就时, 应该学会淡出舞台。

王笑凌: 不是淡出舞台, 而是寻找更广阔的舞台。每个有心人都在努力,[2] 都在进步。如果你停滞了, 你就会被别人超越。

徐文义: 总之, 人只有不断挑战自己才会进步。[3]

王笑凌: 我觉得天天一味地工作会迷失自己, 我想体验新的生活, 改变现状, 透透气, 歇歇脚, 以便更好地前进。

徐文义: 那就祝你学成归来喽!

分组讨论下面的问题:

1 如果你是金庸, 你会怎么做?

2 在你周围有没有像金庸那样急流勇退的人?

3 如果你的上司总是挑你的毛病的话, 你会选择辞职还是忍耐?

4 你觉得工作重要还是家庭重要? 为什么?

5 在现代生活中, 你觉得男人的负担重还是女人的负担重? 为什么?

6 退休以后, 你打算做什么?

生词

急流勇退 jíliúyǒngtuì · 성 한창 전성기일 때 결단성 있게 (관직 따위에서) 물러나다

厌倦 yànjuàn · 동 싫증나다. 진저리가 나다

千篇一律 qiānpiānyílǜ · 성 (모두 똑같은 가락으로) 조금도 변화가 없다

前途 qiántú · 명 앞길. 전망

高昂 gāo'áng · 형 값 비싸다

打拼 dǎpīn · 동 최선을 다하다. 분투하다

金庸 Jīnyōng 김용(유명한 무협소설가)

正值 zhèngzhí · 동 바로 …인 때를 맞다

写作 xiězuò · 동 저작하다

宣布 xuānbù · 동 선포하다. 선언하다

封笔 fēngbǐ · 동 절필하다. 작가나 화가들이 창작을 중지하다

武侠小说 wǔxiáxiǎoshuō · 명 무협소설

情节 qíngjié · 명 (작품의) 줄거리. 구성

名利双收 mínglìshuāngshōu · 성 명성 과 재물을 함께 얻다

膨胀 péngzhàng · 동 부풀어 오르다

未必 wèibì · 부 꼭 그렇다고 할 수 없다

功成名就 gōngchéngmíngjiù · 성 공을 세워 이름을 날리다

淡出 dànchū · 동 조용히 떠나다

舞台 wǔtái · 명 무대

寻找 xúnzhǎo · 동 찾다

广阔 guǎngkuò · 형 넓다. 광활하다

停滞 tíngzhì · 동 정체하다. 침체하다

挑战 tiǎozhàn · 명동 도전(하다)

现状 xiànzhuàng · 명 현 상태. 현재 상황

透气 tòuqì · 동 한시름 놓다

歇脚 xiējiǎo · 동 길을 걷다가 잠시 다리를 쉬다

学成归来 xuéchéngguīlái 학업을 마치고 돌아오다

语法解释

1 有时候一味地前进, 也许会迷失方向

부사 '一味'은 '덮어놓고. 오로지. 외곬으로'란 뜻으로 부정적인 문맥에 쓰이며, 대개
뒤에 '地'가 붙어(생략할 수도 있음) 동사를 수식할 때 많이 쓰인다.

一味地读书也不是什么好事儿。
你不要一味迁就(qiānjiù, 무원칙적으로 타협하다)她, 这样会把她惯坏的。

2 每个有心人都在努力

'有心人'은 '뜻 있는 사람. 포부가 큰 사람'이란 뜻을 나타낸다.

世上无难事, 只怕有心人。
他常常对我说, 让我做个有心人。

3 总之, 人只有不断挑战自己才会进步

접속사 '总之' '하여간. 아무튼. 결국'이란 뜻으로 문장이나 말을 마무리할 때 쓴다.

总之, 我不想拖累(연루되다)你, 希望你不要再来找我。
总之, 我们一定要找出解决问题的办法。

大家来讨论

你遇到下列事情的时候, 你将怎样解决? 请你询问(xúnwèn, 알아보다)一下你旁边的同学, 并将他的解决方法写在右边的空格里。

你所遇到的问题	解决方法
你一直暗恋(ànliàn, 몰래 사랑하다)着一个人, 可是对方并不知道你喜欢他。	
你和你们单位的一个女(男)同事关系比较亲近, 所以你爱人经常怀疑(huáiyí 의심하다)你。	
你是贷款(dàikuǎn, 대출하다)上的大学, 所以结婚的时候, 不仅没有钱, 而且还欠(qiàn, 빚지다)了银行很多钱。	
你小时候的一个好朋友, 总是找你喝酒, 他每次喝酒都喝得不省人事(bùxǐngrénshì, 인사불성이 되다), 所以, 你不仅要替他结帐, 而且还得打车把他送回家。	
你爱人每个月给你的零用钱根本不够你花, 所以你偷偷(tōutōu, 남몰래)攒下了80万, 可是很不幸, 这些钱被你爱人发现了。	
你的父母已80多岁, 而且身体也不太好, 这时你的朋友给你介绍了一个对象, 你们两个人一见钟情(yíjiànzhōngqíng, 첫눈에 반하다), 打算马上结婚。可是你的女朋友却不想和你的父母住在一起。	
你每个月喝酒、在外边吃饭和买衣服大概要花掉工资的60%, 所以, 不仅攒不下钱(돈을 모으지 못하다), 而且还欠债(qiànzhài, 빚지다)。	

你的选择

两人一组, 仔细阅读下面的问题, 然后在所给的答案中, 选择其中的一个, 并说明理由。

1. 一个人年纪大了, ……
   - a. 头发越来越少, 肚子却越来越大
   - b. 越来越像孩子
   - c. 胆子越来越小
   - d. 饭吃得比以前多, 而觉(잠)却越来越少

2. 房子越大……
   - a. 吵架的机会就越多
   - b. 越幸福
   - c. 家人之间聊天儿的机会就越少
   - d. 开销(kāixiāo, 지출)也会增多

3. 野心(yěxīn, 야심)大, ……
   - a. 自由就会减少(jiǎnshǎo, 적어지다)
   - b. 成功的可能性也大
   - c. 活得会更累一些
   - d. 其他

4. 越是有钱的人越……
   - a. 小气
   - b. 没有朋友
   - c. 有能力
   - d. 其他

5. 小时候淘气(táoqi, 장난이 심하다)的孩子……
   - a. 成功的人比较多
   - b. 非常孝敬(xiàojìng, 효도하다)父母
   - c. 一般都能考上大学
   - d. 其他

6. 长得漂亮/帅的人……
   - a. 脾气也好
   - b. 工作做得也很好
   - c. 运气也好
   - d. 其他

7. 领导喜欢什么样的部下?
   - a. 有能力的人
   - b. 听话的人
   - c. 会拍马屁(pāimǎpì, 아부하다)的人
   - d. 其他

8. 女人喜欢什么类型的男人?
   - a. 坏男人
   - b. 老实的人
   - c. 有钱的人
   - d. 其他

9. 喜欢喝酒的人……
   - a. 朋友多
   - b. 脾气好
   - c. 交际面(jiāojìmiàn, 사교성)广
   - d. 其他

10. 不会说谎的人……
    - a. 比较可靠(kěkào, 믿을 만하다)
    - b. 脑子(nǎozi, 머리)笨
    - c. 不善谈(shàntán, 말주변이 있다)
    - d. 其他

练习题

1 用"给了我很大的……"完成下列句子

❶ 在我住院期间,她给了我很大的 _____。

❷ 这件事情给了我很大的 _____。

❸ 上高中时,我数学特差,老师讲的内容,我根本听不懂,幸好我遇上了一个好同桌,那时他给了我很大的 _____。

❹ 每当我失意的时候,她都会安慰和鼓励我。她的这些做法给了我很大的 _____。

❺ 他把自己全部财产捐赠给孤儿院一事,给了我很大的 _____。

2 用"看样子,看起来,看上去,我看,看来"填空

❶ (_____) 他不会来了,我们还是别等了。

❷ (_____) 容易,学起来难。

❸ 今天你的脸色(_____)不太好,你哪里不舒服吗?

❹ 他们已经正式提出诉讼(소송)了,(_____)是不能和解了。

❺ (_____),这件事情也并不一定像你所想象得那么难办。

❻ (_____) 你对这个问题不是那么了解。

❼ 在我(_____),这件事情应该这么处理。

3 选择适当词语

① (高昂 / 贵) 的物价和不稳定的工作, 使他的生活变得越来越糟。

② 你不要 (一味 / 一直) 地迁就(qiānjiù, 무원칙적으로 타협하다)孩子。

③ 这些话 (感动 / 触动) 了老人的心事(시름. 걱정거리)。

④ 天黑又下起了小雨, (根本 / 基本) 看不清路标(이정표)。

⑤ 他说的话 (不必 / 未必) 可靠。

⑥ 他家的生活 (状况 / 现状) 怎么样?

⑦ 一到周末, 百货商店附近人山人海, 交通 (停滞 / 停止) 现象非常严重。

⑧ 我 (讨厌 / 厌倦)了在别人手下工作, 很想自己开一个公司, 但我爱人却坚决反对。

⑨ 有一次, 我跟朋友们一起去登山, 在山里 (迷失 / 失去) 了方向。

4 用 "总之……" 完成句子

① 总之, 我不会 _____,你还是安心在这里工作吧。

② 总之, 你不会理解 _____。

③ 总之, 我不想失去你, _____。

④ 总之, 你一个人去我不太放心, 所以 _____。

⑤ 总之, 你一定要想办法 _____。

Memo

번역 및 정답

---

01 你还是自己打车吧

王笑凌 : 네 차 좀 빌려쓰려고 하는데

徐文义 : 차 빌려서 뭐 하려고 하는데? 네가 가려고 하는 곳에 내가 데려다 줄 수 있어.

王笑凌 : 가려고 하는 곳이 너무 많아. 내일 일찍 병원에 갔다가, 본사에 가서 좀 둘러보고, 점심에는 친구와 밥을 먹고, 오후에는 고객과 만나야 하고, 저녁에는 중학교 동창들을 만나야 하는데. 네가 모두 데려다 줄 수 있겠어?

徐文义 : 그럼 택시를 타고 가는 편이 낫겠다.

王笑凌 : 택시 타는 건 너무 번거롭잖아. 그래도 스스로 운전을 하는 게 편하지. 너 차 한 대 놀고 있잖아?

徐文义 : 너의 운전 솜씨를 난 정말 안심할 수가 없어.

王笑凌 : 만약에 사고나서 고장이 났을 경우, 내가 너에게 배상해 주면 되잖아?

徐文义 : 사고나서 차가 고장 나는 건 작은 일이지만, 사람이 다치면 골치아파.

王笑凌 : 조심할 게.

徐文义 : 그리고 넌 길도 모르잖아.

王笑凌 : 그런데 택시 잡는 게 너무 번거롭잖아, 게다가 날씨도 이렇게 더운데.

徐文义 : 몇 일밖에 안 되는데, 아쉬운 대로 택시 타고 다녀.

王笑凌 : 그럼 내가 택시를 못 잡을 경우에는 네가 데리러 와야 해.

徐文义 : 좋아. 문제 없어! 내가 잠깐 너의 전용 운전기사 하지 뭐, 부르면 바로 달려갈게.

王笑凌 : 그래야 의리 있다고 할 수 있지.

徐文义 : 내가 언제 의리 없었니? 모두 너를 위해서지! 택시 타는 게 얼마나 편안한데. 대통령 같이 네가 어디 가겠다고 말하면, 바로 어디까지 데려다 주고, 그리고 네가 주차장에 갈 필요도 없잖아.

王笑凌 : 그럼 넌 왜 택시를 안 타고, 매일 운전하며 다니니?

徐文义 : 내가 대통령이 아니기 때문이지.

王笑凌 : 그럼 좋아. 지금 "대통령"께서 행차하신다. "대통령"을 위해 택시를 한 대 불러줄 수 있어?

徐文义 : 실례합니다. "대통령 각하" 어디로 모실까요?

王笑凌 : 난 잘 모르니, 내 비서한테 가서 물어봐.

徐文义 : 까불지 말고, 진지하게 말 해.

王笑凌 : 세계무역빌딩에 가려고.

徐文义 : 잠깐만 기다려봐, 내가 지금 당장 너한테 택시 불러줄 게. 우리 아파트단지는 택시 잡기가 진짜 편해. 그냥 관리사무실에 전화만 걸면 바로 해결되거든.

---

02 网恋

刘滨亮 : 요즘 왜 왕하오와 그의 여자 친구가 안 보이지? 걔네 둘은 항상 붙어 다녔잖아?

王春光 : 걔네 둘이 최근에 헤어진다며 심하게 다투고 있어.

刘滨亮 : 헤어지려고 한다고? 왜? 지금까지 사이가 좋지 않았니?

王春光 : 사실대로 말하면 좀 황당하겠지만, 요즘 왕하오가 인터넷에서 한 여자애를 알게 되었대. 그래서 오래된 여자 친구랑 헤어지려고 하는 거야.

刘滨亮 : 오, 인터넷에서 만나 사랑하게 되었다고?

王春光 : 누가 아니래, 왕하오는 인터넷에서 그 여자애를 알게 되어, 매일 PC방에서 죽치고 있대, 그야말로 명실상부한 인터넷 중독자야.

刘滨亮 : 그럼 걔 여자친구도 헤어지는데 동의했어?

王春光 : 당연히 동의하지 않겠지. 그렇게 오래 사귀었는데, 헤어지자고 했다고 바로 헤어지겠어? 사실 왕하오 여자 친구도 정말 불쌍해, 연적이 누군인지 조차도 모르잖아.

刘滨亮 : 맞아, 얼굴 조차도 본 적이 없잖아.

王春光 : 탈 없이 잘 지내는 한 쌍의 연인이 인터넷상의

연애 때문에 헤어진다는 게, 난 정말 이해할 수 없어.

刘滨亮 : 그렇지만 인터넷상의 연애도 성공한 사례가 있어. 그리고 서로 다른 나라 사람들이 인터넷에서 연애를 하게되어 나중에는 정말 결혼도 하고, 게다가 정말 잘 살고 있어.

王春光 : 그건 소수야, 대다수의 사람들은 현실의 시련을 견뎌내지 못해.

刘滨亮 : 그래도 인터넷에서 채팅 하는 사람을 완전히 부정하면 안 되지. 넌 설마 인터넷 채팅을 안 하는 건 아니겠지?

王春光 : 나도 인터넷 채팅을 하긴 하지만, 인터넷에서 연애 상대를 찾지는 않지. 현실적이지 않잖아!

刘滨亮 : 꼭 그렇지는 않아, 혹시 어느 날 인터넷상에서 너의 백설공주를 우연히 만날 수도 있는 거잖아.

王春光 : 애, 걔네 둘 도대체 어떻게 하면 좋을까? 우리가 어떻게 도와줄 수 없을까?

刘滨亮 : 네가 나서서 좀 말려봐. 만약에 그렇게 헤어진다면 너무 아쉽잖아.

王春光 : 그렇기는 해, 이렇게 오랜 시간 동안 온갖 시련을 모두 겪어왔는데 말이야.

刘滨亮 : 그래, 네가 잘 타일러봐. 어쩌면 좋아질 기미가 보일 수도 있잖아.

03 买着吃更合算

奋奋 : 여보, 우리 오늘 저녁에 뭐 먹지?

妈妈 : 나도 몰라요, 뭐 드시고 싶어요?

奋奋 : 맘대로 해.

妈妈 : 당신은 매일 '맘대로 해'라고 말하면서, 내가 가지볶음요리를 드시겠냐고 물어보면, '다른 거 먹으면 안될까?' 라고 말하죠. 내가 당신을 모를까 봐요?

奋奋 : 그럼 당신은 좀 새로운 걸 만들 수 없어? 당신과

결혼한 지 10년이 지났는데 당신이 할 줄 아는 요리 수는 내가 발가락으로도 셀 수 있을 정도 잖아.

妈妈 : 난 매일 당신에게 힘들게 요리를 해주는데, 당신은 고마워하지 못할지언정, 오히려 요리 못한다고 탓하다니! 흥!

月月 : 됐어요. 아빠, 엄마, 모두 그만 하세요! 집에서 해먹는 것이 싫증나면, 밖에 나가서 먹으면 되잖아요.

妈妈 : 식당 가서 밥 먹는 게 얼마나 비싼데? 네가 엄마 아빠를 위해서 돈을 벌어 올 거야?

月月 : 제가 계산하는 걸 한 번 봐요. 쌍라러우스 한 접시를 가지고 얘기해 보죠. 집에서 요리를 한다면 우선 돼지고기를 사야 하는데 이건 약 9 위안 정도 되고, 양념은 1위안 정도, 가스요금도 1위안이라고 하죠. 이렇게 다 합쳐서 11위안인데, 밖에 식당의 쌍라러우스는 맛이 좋을 뿐만 아니라 가격도 15위안 밖에 안됩니다. 그런데 엄마, 아빠가 낭비하는 시간은요? 야채를 사러 가는 시간, 야채를 씻는 시간, 요리하는 시간, 밥을 다 먹고 치우는 시간, 그리고 엄마, 아빠가 지금처럼 싸우시는 시간까지! 우리 선생님이 그랬었어요. 시간은 돈이라고요!

妈妈 : 이 아이가 언제 이렇게 똑똑하게 변했지?

奋奋 : 애 말이 일리가 있네. 계속 말해 보렴.

月月 : 엄마, 아빠 이러한 시간들을 이용하면 돈을 얼마나 더 벌 수 있는지 생각해 본 적 있어요? 엄마, 엄마가 시간당 얼마나 버시는 지 계산해보신 적 있어요? 그리고 엄마가 1시간을 요리해서 절약된 돈이 얼마나 될까요?

妈妈 : 아이고, 우리 애가 언제부터 이렇게 경제적인 이득을 따지는 것을 배웠지?

月月 : 봐요. 아빠, 엄마는 매일 일 때문에 바쁘지 않으면 가사일 때문에 바빠서, 저랑 함께 할 시간이 없으시잖아요. 계속 이런 식으로 하면 저는 마음이 아플 겁니다.

奋奋 : 좋아, 그럼 애가 말한 대로 하자구나! 웨웨야, 오늘 뭐 먹고 싶니?

月月 : 그럼 실속 있고 맛 좋은 쌍라러우스 를 먹으러

가요!

04 特殊的经历

沙明新 : 며칠 전에 버스에서 의외의 일들을 경험했어.

于景洋 : 차 사고 난 건 아니지?

沙明新 : 그런 건 아니야. 그날 버스가 인민광장 역에 도착하자 다리가 불편하신 노인 한 분이 차에 탔는데, 이때 한 젊은 여인이 일어나더니 그 노인분께 자리를 양보하더라. 그런데 생각 밖에 한 술주정뱅이 같은 남자가 갑자기 그 자리에 털썩 주저앉는 거야.

于景洋 : 정말 밉상이다. 어떻게 이런 사람이 있을 수 있지?

沙明新 : 난 그때 너무 화가 나서 "일어나 주세요. 이 노인분께 자리를 양보하세요."라고 말했는데, 그 남자는 내말을 못 들은 척 했어. 그래서 난 또 큰 소리로 "일어나 주세요!"라고 소리쳤지.

于景洋 : 와, 너 그때 정말 멋있었겠다.

沙明新 : 그때, 그 남자가 갑자기 나를 향해 덮쳐 왔어.

于景洋 : 너 다치진 않았니?

沙明新 : 조금 다치긴 했는데, 그다지 심각한 건 아니었어.

于景洋 : 빨리 경찰에 신고했었어야지!

沙明新 : 내말 들어봐. 운전기사가 이 일을 지켜보더니 갑자기 가속을 해서 승객들이 모두 놀라고 말았어.

于景洋 : 아마 기사도 놀랐을 거야. 그래서 당황한 나머지 가속했겠지.

沙明新 : 정반대였어. 차가 멈췄을 때, 모두들 그때서야 운전기사가 차를 파출소 앞에 세운 것을 발견했지.

于景洋 : 그러고 보니 운전기사가 제일 차분했던 거네.

沙明新 : 경찰이 그 취객을 압송하려고 했는데, 그 때 자리를 양보해준 여인이 나를 가리키면서 경찰에게 말하길, "이분은 아무 죄가 없고 그 술 취한 남자가 다른 사람의 자리를 빼앗았고

또 이분을 쳤어요."

于景洋 : 정말 흔치 않은 경험이었네.

沙明新 : 가장 특별한 것은 그 일이 있고 나서였어. 그 젊은 여인이 파출소 밖에서 계속 나를 기다리고 있었던 거야. 그녀는 내게 커피를 대접하였고, 그날 우린 오랫동안 이야기를 나눴지.

于景洋 : 그 여자가 당신에게 호감이 있는 거 아니야?

沙明新 : 난 아직 잘 모르겠는데, 하지만 최근에 우린 매일 전화를 하고 있어. 이번 주말에 함께 영화보기로 약속 했거든.

于景洋 : 밍신, 파이팅! 빨리 결혼하길 바란다.

05 东西方文化的差异

刘菲 : 저우루, 오랜만이야! 너 이번 영국여행 어땠니? 어떤 느낌이었어?

周露 : 이번 여행은 정말로 잊을 수 없는 경험이었어. 우리는 한 평범한 영국 부부 집에 머무르면서 영국 본토의 가정생활을 체험했고, 런던 탑을 유람했고, 또 옥스퍼드 대학교도 견학했어.

刘菲 : 듣고보니 사람마음을 들뜨게 하네! 어떤 재미있는 일들이 일어났었는지 나에게 말해줘.

周露 : 내가 정말로 감명깊은 것은 바로 동서양의 문화차이였어. 간단한 예를 들어본다면, 식사 중에 만약 너에게 더 먹을 거냐고 물어 볼 경우, 네가 '감사합니다. 됐습니다'라고 하면, 그들은 정말로 네가 이미 배부르게 먹었다고 생각하거든.

刘菲 : 나 알 것 같다, 동양 사람들은 생각이 좀 많고, 서양 사람들은 비교적 솔직하지.

周露 : 그래, 서양 사람들은 자신이 즐겁지 않다는 것을 숨기지도 않고, 또 직접적으로 상대방에게 거절도 하지.

刘菲 : 서양 부모들은 자기 자식이 이성친구가 있는 것을 반대하지 않는다고 들었는데. 정말 그래?

周露 : 응, 그들은 자식들의 남자 친구와 여자 친구를

집으로 초대하기도 해.

刘菲 : 이는 우리의 가장과는 다른 것 같아.

周露 : 영국의 학부모들은 아이들에게 충분한 자주권을 주거든, 그래서 거기 아이들은 우리보다 성숙하지.

刘菲 : 또 어떤 특별한 점이 있어?

周露 : 그곳의 애들은 성년이 되면 바로 부모를 떠나거든. 결혼을 한 후에는 더욱 부모와 함께 살지 않지. 그러나 그들은 늘 가족들에게 자기의 사랑을 표현할 줄 알아.

刘菲 : 나는 지금까지 부모님께 부모님을 사랑 한다고 말해본 적이 없는 것 같아.

周露 : 그들은 늘 자기 가족들하고 포옹하고 입 맞추지.

刘菲 : 그럴 필요가 있어? 매일 아침저녁으로 함께 있으면서 포옹까지 한단 말이야.

周露 : 감정을 쉽게 드러내지 않는 동양 사람들에게는, 이건 분명히 이해하기 어려워.

刘菲 : 너 그들의 저녁 파티에 참석해본 적 있어?

周露 : 참석해본 적 있어. 파티에는 손님들이 영국 본토 맛의 음식을 맛볼 수 있고, 또 감미로운 음악에 따라 춤출수도 있지.

刘菲 : 보아하니 너 이번 영국여행에서 정말로 수확이 크구나!

06 活到老, 学到老

王笑凌 : 듣자 하니, 요즘 너 인터넷 쇼핑몰 가게를 냈다며.

徐文义 : 응, 나 요즘 포토샵과 홈페이지 제작에 대해 공부하고 있어.

王笑凌 : 이해가 잘 안 되는데, 네가 말한 것과 인터넷 쇼핑몰이 무슨 관계가 있어?

徐文义 : 정보화 사회에서 인터넷 쇼핑몰 경쟁은 매우 치열하기 때문에, 제품의 품질이 좋아야 할 뿐만 아니라 예쁜 상품 사진과 참신한 홍보도 필요하거든.

王笑凌 : 오, 그럼 구체적으로 어떻게 해야 하는데?

徐文义 : 우선 디지털 카메라를 이용해서 상품을 찍고, 포토샵을 이용해서 영상을 편집하고, 마지막에 너의 홈페이지에 올리면 돼.

王笑凌 : 알고 보니 여기에 공부할 게 아주 많네, 인터넷 쇼핑몰 운영하는 것을 우습게 볼 것이 아니구나.

徐文义 : 지금은 신기술이 날마다 발전하기 때문에 우리가 배워야 할 것이 갈수록 많아.

王笑凌 : 나는 줄곧 내가 컴퓨터와 인터넷에 대해서 잘 안다고 생각해왔는데, 알고 보니 이렇게 많은 맹점들이 있었구나.

徐文义 : 그래서 속담에는, 늙어 죽을 때까지 배워야 한다고 하잖아.

王笑凌 : 사실 나도 그런 것들을 배우고 싶은데, 배워도 할 수 없을 것 같아 걱정돼.

徐文义 : 안심해도 돼. 요즘 각종 컴퓨터 프로그램은 다루기 쉽기에, 그저 네가 열심히 배우기만 하면, 틀림없이 할 수 있어.

王笑凌 : 정말? 그럼 네 말을 들어야겠다. 다음 달에 홈페이지제작 수업에 등록해야지.

徐文义 : 잘 됐다. 그럼 내가 공부하고 있는 컴퓨터 학원에 등록해. 그러면 우리가 매일 만날 수 있잖아.

王笑凌 : 됐어! 우리 둘이 만나면 술을 마시지 않으면 담배를 피우는 것 밖에 없잖아. 나 지난주부터 술을 끊었거든.

徐文义 : 술을 끊었다고? 술 마시는 것이 너의 유일한 낙이라고 말하지 않았니?

王笑凌 : 아, 말도 마라! 의사 선생님이 내 간은 알코올성 간이래, 만일 더 이상 금주하지 않으면 생명이 위험할 수도 있대.

徐文义 : 정말? 너 그렇게 건강이 좋았는데, 어찌 그런 병이 생길 수 있니? 나도 술을 많이 마시는데,

내 간도 문제가 있는 게 아닐까?

王笑凌 : 병원에 가서 검사 한 번 받아 보는 것이 좋을 거야.

徐文义 : 알았어.

07 害人害己的传销

王笑凌 : 최근에 내 친한 친구 한 명이 생각밖에 다단계 판매에 빠졌어!

徐文义 : 뭐? 다단계 판매? 너 빨리 그를 막아야 해.

王笑凌 : 아이고, 소용 없어. 그는 지금 친척, 친구만 보면 송화 가루를 선전하면서, 송화 가루가 모든 병을 다 고칠 수 있다고 말해.

徐文义 : 그가 어떻게 다단계 판매에 홀린 거야?

王笑凌 : 누가 알아, 아마 잠깐 정신이 나갔나 봐. 그는 입을 열었다 하면 송화 가루 타령이야, 나 진짜 못 참겠어!

徐文义 : 그의 가족들은 몰라?

王笑凌 : 어떻게 모를 수 있겠어? 가족이 다 반대하는데도 그는 좀처럼 듣지 않는 걸.

徐文义 : 다단계 판매에 빠진 사람은 다 그래.

王笑凌 : 맞아! 내가 송화 가루가 다른 지역에서는 다 차압 당했다고 해도, 내 말을 듣지 않네.

徐文义 : 내가 듣기로 다단계 판매를 하는 사람은 주로 친척과 친구를 속여서 돈을 번다고 하던데.

王笑凌 : 난 그를 이해해. 그는 순진한 사람이라서 송화 가루가 정말 모든 병을 고칠 수 있고, 그리고 자기도 돈을 좀 벌 수 있다고 생각하고 있어.

徐文义 : 아, 건강식품은 보조작용만 하는 건데, 어떻게 모든 병을 고칠 수 있겠어?

王笑凌 : 누가 아니래? 난 꼭 그를 막을 방법을 찾을 거야.

徐文义 : 돈을 손해 보는 건 작은 일이고, 친구와 가족을 모두 잃는 것이 큰 일이야.

王笑凌 : 다단계 판매는 정말 남과 나를 다 해치는 짓이지!

08 旅游广告

王笑凌 : 나 요즘 여행 잡지를 보는데 열중하고 있어.

徐文义 : 여행 가려고?

王笑凌 : 응. 왜냐하면 연말 상여금을 받았거든. 나는 여유를 찾고 싶어.

徐文义 : 아, 잡지에는 너무 많은 여행 명승지들이 있는데, 어떻게 선택해야 하지?

王笑凌 : 그게 바로 광고를 보는 재미지. 네가 정말 갈 수 있는 곳은 한 군데 밖에 없지만, 여행 광고는 너에게 아름다운 경치를 모두 훑어보게 해줄 수 있거든.

徐文义 : 아마 네 말이 맞을 거야, 하지만 난 그저 몰디브에 가고 싶은 걸.

王笑凌 : 몰디브? 거긴 정말 아름다운 곳이지!

徐文义 : 나는 모래 사장에 편안히 누워서 일광욕 하는 것을 좋아하고, 또 부둣가에서 불어오는 바닷바람도 좋아해.

王笑凌 : 바닷바람은 사람에게 유유자적한 기분을 느끼게 하지.

徐文义 : 네가 어디로 여행가고 싶은지 아직 말하지 않았잖아.

王笑凌 : 아직 결정하지 않았어. 나는 모든 스케줄이 잘 짜여진 여행은 좋아하지 않아. 난 모험하고 탐험하길 좋아해.

徐文义 : 그건 분명 재미있을 거야. 하지만 많은 것들을 준비해야 하겠지.

王笑凌 : 우선 인터넷에서 관련자료를 찾아야 하거든. 예를 들면, 호텔예약, 여행노선을 정하는 것, 현지 기후와 음식을 알아보는 것 등. 그리고 편한 운동화와 카메라를 준비해야지.

徐文义 : 우리 다시 광고를 보자, 어쩌면 더 흥미가 있는 곳을 발견할 수 있을 거야.

王笑凌 : 리강에 오래된 도시를 방문하는 건 어때? 비록 나는 월남의 풍토와 인정을 체험하고 싶긴 하지만……

徐文义 : 내 생각에 모든 나라는 모두 그 나라만의

특색이 있어.

王笑凌 : 그래, 광고를 보니 모든 곳이 매력적이구나. 사실 어딜 가는 것이 중요한 것이 아닌데, 때로는 사람들은 여기 저기 바삐 다니기만 하고, 하루에 여러 곳의 관광 명소를 보느라고, 오히려 여행의 진정한 뜻을 잊는다고.

徐文义 : 나도 주마간산식 여행은 싫어.

王笑凌 : 내 생각에 여행의 진정한 의미는 다른 문화를 체험 하는 것, 경험을 쌓고, 심신의 휴식을 취하는 것에 있다고 생각해.

09 健康的消费意识

郑喜玲 : 여러분, 안녕하십니까? 오늘 심리학 권위자 이신 양홍단 선생님께서 이렇게 초청에 응해 주셔서 저희로서는 대단히 영광입니다.

杨红丹 : 안녕하십니까? 여기서 여러분들과 이야기를 나눌 수 있게 되어 아주 기쁩니다.

郑喜玲 : 오늘의 주제는 건전한 소비의식입니다. 양 선생님께서는 혹시 저희와 함께 나눌 수 있는 체험담이 있으십니까?

杨红丹 : 요즘은 많은 젊은이들이 건전하지 못한 소비의식을 지닌 채, 단지 맹목적으로 돈만 씁니다. 예를 들어, 다이어트를 위해서 비싼 다이어트 약품을 사는 반면에, 신선한 채소나 운동, 규칙적 생활이 다이어트에 최고의 효과를 지닌다는 것을 모르고 있습니다.

郑喜玲 : 그러면 양 선생님께서는 최근에 어떤 중요한 소비계획이 있으십니까?

杨红丹 : 오래 전서부터 프랑스가 예술의 천당이라고 들었습니다. 저는 그들의 문화생활방식에 대해 큰 흥미를 느꼈습니다. 그래서 내년에는 프랑스 여행을 갈 생각입니다.

郑喜玲 : 그러면 여분들에게 선생님의 여행계획을 좀 말씀해주실 수 있으신지요?

杨红丹 : 그러죠, 먼저 자신이 충분한 재력이 있는지 고려해야 합니다. 그 이유는 외국으로

여행가는 건 많은 돈이 필요하기 때문이죠. 따라서 가기 전에 예산을 세워야 합니다. 그 다음에 상세하게 여행 계획을 세워야 합니다.

郑喜玲 : 그렇습니다. 요즘은 많은 사람들이 자신의 경제적 상황을 고려하지 않은 채, 맹목적으로 소비하곤 하죠.

杨红丹 : 여행의 즐거움을 충분히 체험하기 위해서, 최근에 저는 프랑스어 공부에 많은 노력을 기울이고 있습니다. 이러면 많은 돈을 아낄 수도 있죠.

郑喜玲 : 선생님의 이러한 적극적인 생활방식이 우리들을 감탄케 하는군요.

杨红丹 : 저는 우리 모두가 반드시 절약하는 습관을 길러야 한다고 생각합니다. 낭비하면 당연히 안 되고, 과소비하면 더욱 안 됩니다. 참, 요즘 많은 사람들이 신용카드 적자 때문에 골치 아파하고 있잖아요.

郑喜玲 : 그렇습니다. 신용카드는 우리의 생활에 편리함을 가져다 주기도 하지만, 동시에 과도한 소비를 조장하기도 합니다.

杨红丹 : 이건 절대적으로 불건전한 소비입니다. 사람들은 왜 자신에게 불 필요한 부담을 증가시키는 걸까요? 필수품이 아니면 사지 말아야 합니다.

郑喜玲 : 생활 속에서, 어떻게 해야 지출을 줄일 수 있을까요?

杨红丹 : 물건을 살 때, 대형슈퍼마켓에 가면 항상 불필요한 물건을 사게 되므로, 대형 슈퍼마켓 을 가능한 가지 말아야 합니다. 그 외에 가계 부를 적는 좋은 습관도 길러야 합니다.

郑喜玲 : 양 선생님 정말 감사합니다. 오늘 강의는 우리로 하여금 정말 많은 것을 얻게 하였습니다. 청취자 여러분, 다음 이 시간에 다시 뵙겠습니다.

10 性格決定成敗

夏晴 : 나는 아무래도 지금 이 직위에 잘 맞지 않는 것 같아.

雯雯 : 왜? 총지배인이란 직위의 스트레스가 너무 크니?

夏晴 : 그렇게 말할 수 있지. 아무래도 내 성격이 지도자 역할에는 안 맞는 것 같아.

雯雯 : 너는 이미 매우 훌륭해. 네가 이 회사에 온 이후로 업적이 부단히 상승했고, 지금은 또 승진해서 총지배인이 되었잖아. 너의 이 직위는 다른 사람들이 얼마나 부러워하는데.

夏晴 : 하지만 내 생각에 내가 잘 하는 것은 집행과 보조야.

雯雯 : 하지만 누구도 천성적으로 지도자는 아니야. 지도능력이 뛰어난 사람들도 모두 훈련을 통해서 만들어진 거야. 네가 인생의 중요한 전환점에서 쉽게 포기하지 않길 바래!

夏晴 : 내 생각에 일반적으로 지도자의 성격은 모두 매우 명랑하고 언변이 좋고, 능숙하게 교제하고, 또 창의력이 끊임없지. 뛰어난 지도자들은 자기 스스로도 잘 할 뿐만 아니라, 직원들을 어떻게 관리하는 것도 잘 알고 있어. 그런데 이런 것들을 나는 할 수 없어.

雯雯 : 사람의 성격도 물론 중요하지만, 네가 조금 내성적이라고 해서 너의 능력까지 부정할 수는 없어. 내 생각엔 너는 이 역할에 천천히 적응해야 할 것 같아. 그리고 열심히 너의 능력을 키워 봐.

夏晴 : 하지만 내가 리더를 맡은 이후로 나에 대한 주위사람들의 지나친 기대와, 가정생활 방식의 변화에 적응하기 힘들어.

雯雯 : 봐, 넌 늘 무언가를 하기 전부터 스스로를 부정하고 의심하잖아. 너 조차도 자신을 믿지 못하면서, 네 직원들이 널 믿어 주기를 바라니?

夏晴 : 그래서 말인데, 난 리더에 적합하지 않다니까. 진정한 리더라면 나 같은 위치에 올랐을 때 매우 흥분할 텐데, 나는 오히려 굴러들어온 호박을

걱정하잖아.

雯雯 : 넌 그럼 남한테 마음대로 좌지우지 되길 바라니?

夏晴 : 에, 그럼 돌아가서 다시 생각해볼 게.

雯雯 : 무슨 생각을 더 해, 얼른 바보 같은 생각을 버려!

夏晴 : 그럼 좋아, 내가 다시 한 번 네 말을 들을게!

雯雯 : 하하, 그래야지, 나의 슈퍼우먼.

11 在死亡面前

刘记者 : 어르신, 안녕하십니까? 저는 〈인민일보〉기자 류하이입니다.

许老伯 : 네, 안녕하세요! 앉으세요!

刘记者 : 어르신, 지금 어떻게 지내십니까?

许老伯 : 아주 잘 지냅니다. 주위 사람들이 모두가 저에게 관심을 가져주고 잘 보살펴주셔서, 매일매일 즐겁고 알차게 지냅니다.

刘记者 : 네 잘됐네요. 그런데 어르신 세대의 사람들은 모두 보수적인데요. 어떻게 장기를 무상기증할 생각을 하게 되셨나요?

许老伯 : 그 당시에는 정말 굉장히 큰 결심이었어요.

刘记者 : 도대체 무엇이 어르신에게 이렇게 큰 변화를 가져오게 했나요?

许老伯 : 내 일생을 한 번 보세요. 인생 전반기에는 자식들을 위해서 고생했고, 지금은 자식들이 모두 직장도 있고, 안정적인 생활을 하게 되었어요. 그리고 애들이 저를 도시로 모셔와 생활하게 했어요. 나도 점점 도시 생활에 적응되었습니다. 지금 나는 나이가 많아서, 조만간 스스로의 사후의 일에 대해서 고민해야 할 때입니다. 도시 사람들은 죽고 난 후에는 모두 화장을 하는데, 처음에 나는 그것을 정말 받아들일 수가 없었어요. 한사코 내가 낙향하겠다고 하는 것을 애들이 제발 가지 말라고 해서, 나는 이 도시에 잠시 더 머무르게 되었죠.

刘记者 : 그리고는요?

許老伯 : 얼마 전 몸이 좀 불편하다고 느꼈었어요. 이전의 오래된 지병인 줄로만 여기고, 자식들과도 이야기를 하지는 않았죠. 그런데 나중에는 거실에서 쓰러지자 자식들이 급하게 저를 병원으로 후송해왔습니다. 검사 결과 간암 말기라는 판정을 받게 되었습니다.

刘记者 : 그러면 당시에 어르신께서는 어떤 반응을 보이셨나요?

許老伯 : 하늘이 무너지는 것만 같았어요. 비록 죽음은 조만간 오는 것이지만, 진짜 그 날이 오니 정말 받아들일 수 없더라고요. 자식들도 저를 속이지 않았어요. 그것이 조금 위안이 되었어요. 자식들은 내가 병원에 입원해 있을 때에도 아주 세심하게 보살펴주었습니다. 시간이 지나자 나 역시 실제로 죽음이 그리 두렵지 않다는 것을 발견했어요. 그리고 죽기 전에 사회를 위해서 공헌할 수 있는 일이 있는지 생각했고, 재삼 고민한 끝에 나의 생각을 자식들에게 말했죠.

刘记者 : 그럼 당신의 자제들은 어떤 반응이었나요?

許老伯 : 예상 밖이었어요. 그들은 모두 나를 지지해주었죠. 본인은 비록 죽겠지만, 많은 사람들에게 더 좋은 생활을 할 수 있게 한다는 것을 생각해보니, 갑자기 내 인생에 큰 의미가 있는 것이라고 느껴졌습니다.

刘记者 : 어르신, 앞으로 계속 즐겁게 보내시길 바라며, 우리의 인터뷰에 응해주셔서 감사 합니다. 시간이 조금 늦었네요. 제가 어르신의 휴식을 방해했습니다. 다음에 또 어르신을 찾아 뵙겠습니다.

許老伯 : 다음에 또 봅시다.

12 要学会急流勇退

王笑凌 : 나는 지금하는 일을 그만두고 미국으로 유학 갈 생각이야.

徐文义 : 너 지금 일하는 환경도 좋고 대우도 좋은데 왜 일을 그만 두려고 해?

王笑凌 : 나는 천편일률적인 생활에 질렸어. 내 생각엔 계속 일을 하게되면 별다른 비전이 없을 것 같아서.

徐文义 : 유학이 얼마나 힘든데! 비싼 학비와 생활비를 부담해야 할 뿐만 아니라, 외국의 생활 방식에도 열심히 적응해야 해.

王笑凌 : 몇 년 동안 열심히 살면서, 나는 이미 유학 비용을 모아놨어. 나는 외국생활을 아주 동경하거든! 그들의 문화를 체험해 보고 싶어.

徐文义 : 너 일찍부터 계획이 있었구나!

王笑凌 : 1972년 48세인 김용은 한참 작품을 쓸 "청춘" 시기에 갑자기 창작을 중단한다고 선언하자, 그 당시 많은 사람들은 그를 이해하지 못했지만, 그의 소설은 오히려 더욱 인기가 있게 되었지. 이 이야기는 내게 매우 큰 자극을 주었고, 나는 때로는 전진만 하는 것은 방향을 잃을 수도 있다는 걸 알게 되었어.

徐文义 : 나는 김용이 무협소설을 쓰는데 있어서 아주 선천적인 재능이 있다고 생각해. 그를 초과할 사람은 없어. 그가 무협소설을 안 쓰는 것이 너무 아쉽다!

王笑凌 : 김용은 10여 년간 무협소설을 쓴 다음, 자기 소설의 인물과 이야기 줄거리가 중복되는 현상이 갈수록 심하다고 느껴, 창작을 중단한 것이야.

徐文义 : 그의 이 같은 좋을 때 물러날 수 있는 것은 일반 사람들이 매우 하기 어려운 일인데.

王笑凌 : 맞아. 내 생각에 명예와 재물을 함께 얻는 것은 물론 좋은 것이지만, 만약 이런 명리의 욕구가 멈추지 않고 커지는 건 꼭 좋은 일만은 아닌 것 같아.

徐文义 : 보아하니 성공을 이루었을 때, 무대에서 페이스 아웃 하는 법을 배워야 할 것 같아.

王笑凌 : 무대에서 사라지는 게 아니라, 더 큰 무대를 찾는 거야. 생각이 있는 사람들은 모두 노력하고 있고, 모두 발전하고 있어. 만약 네가 정체되어 있으면, 너는 곧 다른 사람에게 추월 당할 수 있다는 거지.

번역

徐文义 : 아무튼 사람은 끊임 없이 자신에게 도전해 야만 비로소 발전할 수 있지.

王笑凌 : 내 생각엔 매일매일 오로지 일만 하다 보면 자신을 잃을 수 있을 것 같아. 난 더 나은 발전을 위해서 새로운 생활을 체험하고, 지 금 상황을 바꾸고, 숨 좀 고르고, 잠시 쉬고 싶어.

徐文义 : 그럼 너의 유학이 성공해서 다시 돌아오길 바랄게!

Memo

01 你还是自己打车吧

练习题 1

1. 放心吧，明天不会下雨的。
2. 放心吧，我会把房间打扫干净的。
3. 放心吧，我绝对不会抛弃你的。
4. 你放心，汽车肯定会来的。

练习题 2

1. 空着
2. 拿着
3. 呆着
4. 坐着
5. 等着
6. 想着
7. 闲着

练习题 3

1. 次
2. 遍
3. 趟
4. 遍
5. 回/次
6. 次
7. 次/回
8. 次

练习题 4

1. 还是走着去吧。
2. 我们还是坐火车吧。
3. 还是在家里吃吧。

02 网恋

练习题 1

1. 其实我打得不太好，我只是喜欢打而已。
2. 其实也没什么大事儿，我只是想跟你聊聊天儿。
3. 其实我完全可以原谅他，但是他说话总是欠考虑，所以经常惹我生气。
4. 其实我今天很早就出门了，没想到路上堵车堵得这么厉害。

练习题 2

1. 不过
2. 但是
3. 而且
4. 大概
5. 没准儿
6. 也许

练习题 3

1. 连你的生日都不记得
2. 不来
3. 不至于
4. 做不出来
5. 输给他。

练习题 4

1. 难道你不知道他俩离婚的事儿吗？
2. 结婚
3. 难道是我的错吗？
4. 难道我不想

03 买着吃更合算

中国名菜典故

1 C 印度人

2 B 苏轼

3 C 乞丐

练习题 1

1 我弟弟每天上网不是看电影就是玩儿游戏。

2 每天下班以后我不是加班就是和朋友们一起去喝酒，所以每天回家都很晚。

3 他最近在学校表现不太好，不是迟到就是早退，所以学习成绩下降了很多。

练习题 2

1 数不过来

2 忙不过来

3 攒下

4 管不过来

5 省下

6 攒不下

练习题 3

1 以前了

2 我去

3 吃吧

4 去外国工作工作呢？

5 亲自去一趟

6 百货商店的衣服好看

练习题 4

1 还讽刺我

2 尊重我，还嘲笑我

3 感激我，要跟我分手

04 特殊的经历

练习题 1

1 他不会不来吧？如果他不来，那可就出大问题了。

2 他不会是出车祸了吧？我好担心啊！

3 你不会不知道今天是我们结婚两周年纪念日吧？

练习题 2

1 遇到

2 加快

3 冷静

4 寻常

5 腿脚

6 报警

练习题 3

1 有点儿不对劲儿

2 下起了雨

3 我要辞职

4 都觉得有点儿接受不了。

5 房间里一片漆黑，什么也看不见。

6 他要去外国生活

练习题 4

1 我跟你正好相反，我不喜欢吃肉。

2 我跟你正好相反，我觉得还是生女人好。

3 我跟你正好相反，我觉得晚会比早婚好多了

05 东西方文化的差异

练习题1

① 我从来没谈过恋爱。

② 我从来没对我父母撒过谎。

③ 我从来没吸过烟。

④ 我从来没蹦过极。

练习题2

① 喝到

② 收到

③ 感觉到

④ 送到

⑤ 开到

⑥ 说到

⑦ 赶到

练习题3

① 感想

② 体会

③ 顾虑

④ 直率

⑤ 造就

⑥ 直接

⑦ 懂　懂

⑧ 热情

练习题4

① 对我来说汉语比英语难。

② 对我来说非常重要。

③ 对我来说五点是我睡得最香的时候

06 活到老，学到老

练习题1

① 首先要带上护照，其次要准备好照片。

② 首先由各个部门的负责人汇报情况，
其次再具体商量一下对策。

③ 首先要往锅里放500毫升的水，其次要
等水开了之后再放方便面。

练习题2

① 再

② 还

③ 又

④ 再

⑤ 也

⑥ 还/又

⑦ 还

⑧ 又, 又

练习题3

① 肥胖

② 你的专业

③ 他

④ 我现在的工作

⑤ 这件事

练习题4

① 除了北京、上海以外，我还去过桂林。

② 除了洗碗以外，做饭、洗衣服和打扫房
间以外都是我的事儿。

③ 除了小张以外，小李也没结婚。

④ 除了王明以外，这次数学考试没有一个
人的了麻烦。

一个很准的性格测试

100分以上

有个性，喜欢助人为乐(zhùrénwéilè, 남을 돕는 것을 기쁘게 생각하다)，有强烈的同情心。但有时会过于激动。

100~90分

做事沉着冷静(chénzhuó lěngjìng, 침착 하다)，喜欢思考和命令别人，不容许自己输给别人。喜爱学习，也很好胜(hàoshèng, 승부욕이 강하다)，但达不到目标时，就会生闷气(shēngmènqì, 기분이 울적해지다)。

89~79分

表达能力很强，想像空间也很大，对爱情总是既期待(qīdài, 기대하다)又怕受伤。优柔寡断(yōuróuguǎduàn, 우유부단하다)，有时不顾现实，喜欢跟着感觉走。

78~60分

做事总是非常小心，有时候宁愿自己承受(chéngshòu, 이겨 내다)压力，也不愿意说出来和家人或者好友相谈。

59~40分

对现实不满，觉得没有人了解自己，不容易与人交往和亲近，所以时常感到孤单。

40分以下

是一个很有心机(xīnjī, 생각)的人，喜欢刺激(cìjī, 자극하다)多变的事。喜欢隐瞒(yǐnmán, 숨기다)自己，有时也欺骗(qīpiàn, 속이다)别人。

07 害人害己的传销

练习题1

❶ 这是对的。
❷ 你这么做是为了我。
❸ 我有什么错。

练习题2

❶ 泡
❷ 上瘾
❸ 迷上
❹ 中毒
❺ 迷惑
❻ 迷人
❼ 迷住

练习题3

❶ 回家啦
❷ 如果你现在出发的话
❸ 自己去啦
❹ 如果你嫌麻烦的话
❺ 不去爬山了
❻ 如果你这个星期六忙的话

练习题4

❶ A 受尊重　　　B 受教育
　 C 受欢迎　　　D 受感动
❷ A 收礼物　 B 收西　 C 收信用卡
❸ A 接电话　 B 接活儿　 D 接孩子
❹ B 得奖学金　 C 得病　 D 得胜

08 旅游广告

练习题1
① 因为今天我要跟朋友们一起去郊游。
② 因为没有钱，也没有房子，所以找不到对象。
③ 因为我的汉语水平太差了，所以我放弃了去中国留学。
④ 因为今天是星期六，路上肯定会非常堵，所以我没开车。
⑤ 因为最近我在负责一个重要项目，所以每天都得加班。

练习题2
① 就/只有
② 只有,就
③ 只是/只
④ 只要
⑤ 只
⑥ 仅仅

练习题3
① 得奖学金
② 晒衣服
③ 吹头发
④ 搜索资料
⑤ 制定计划

练习题4
① 我觉得住在一起会产生很多矛盾。
② 可以开阔眼界，还可以迅速提高孩子的外语水平，可我觉得为此付出的代价太大了。
③ 我觉得一个人去更自由。

09 健康的消费意识

练习题1
① 我觉得我们应该先试试看。
② 我觉得我们应该八点出发。
③ 我觉得我们至少应该试试，即使输了也可以获得失败的经验。

练习题2
① 迷上传销
② 推销商品
③ 骗人
④ 治病
⑤ 缺乏经验
⑥ 不够用
⑦ 盲目花钱
⑧ 节省开支
⑨ 节约用电
⑩ 超前消费
⑪ 过度浪费
⑫ 成长阶段
⑬ 造成灾难
⑭ 制定计划

练习题3
① 邀请
② 缺乏
③ 有效
④ 仔细
⑤ 节约
⑥ 超前
⑦ 造成
⑧ 考虑

练习题4
① 赶不上飞机啦。
② 我的麻烦就大了。
③ 我们看不到下午三点的街头表演。

10 性格决定成败

练习题1

① 我总觉得有什么事情会发生。
② 我总觉得我这次考得不太理想。
③ 我总觉得他不太可靠。

练习题2

① 解除压力
② 晋升为科长
③ 执行任务
④ 耽误你
⑤ 转折关头
⑥ 敢于创新
⑦ 提高产品质量
⑧ 业绩辉煌
⑨ 条件具备
⑩ 否定自己
⑪ 打消顾虑
⑫ 甘愿受罚
⑬ 适合当领导
⑭ 善于交际
⑮ 出色的人才
⑯ 轻易放弃

练习题3

① 适合
② 上涨
③ 天生
④ 轻易
⑤ 否认
⑥ 具备
⑦ 甘愿
⑧ 出色

练习题4

① 但也不能为了钱不折手段
② 权利和地位，权利和地位
③ 也不要太失望
④ 我们要付出的代价实在是太大了
⑤ 考上
⑥ 减肥不能单存依赖节食，
　　还要做适当的运动

11 在死亡面前

练习题1

① 当时我特别激动，不知道该说些什么。
② 当时我首先想到的是要赶紧冲进去，
　　把我的孩子救出来。
③ 当时我特别伤心，感觉失去了一切。

练习题2

① 一个劲儿地
② 细心地
③ 认真地
④ 更好地
⑤ 慢慢
⑥ 渐渐

练习题3

① 体谅
② 稳定
③ 适应
④ 答应
⑤ 可怕
⑥ 捐
⑦ 接受

练习题 4

❶ 走
❷ 你去
❸ 来

12 要学会急流勇退

练习题 1

❶ 帮助
❷ 启发
❸ 帮助
❹ 安慰
❺ 触动

练习题 2

❶ 看样子/我看
❷ 看起来
❸ 看上去
❹ 看样子/我看
❺ 我看
❻ 看样子/看来
❼ 看来

练习题 3

❶ 高昂
❷ 一味
❸ 触动
❹ 根本
❺ 未必
❻ 状况
❼ 停滞
❽ 厌倦
❾ 迷失

练习题 4

❶ 辞退你的
❷ 我那时的心情
❸ 希望你再给我一次机会
❹ 我们还是一起去吧
❺ 解决这个问题